把最宝贵的东西给予儿童

大爱教师的 62 个观点

汤慧慧 ◎ 编著

上海教育出版社
SHANGHAI EDUCATIONAL
PUBLISHING HOUSE

图书在版编目（CIP）数据

把最宝贵的东西给予儿童：大爱教师的62个观点 /
汤慧慧编著. — 上海：上海教育出版社，2024.10.
ISBN 978-7-5720-3089-5

Ⅰ．G42

中国国家版本馆CIP数据核字第2024V6B324号

责任编辑　章琢之
封面设计　金一哲

把最宝贵的东西给予儿童——大爱教师的62个观点
汤慧慧　编著

出版发行　上海教育出版社有限公司
官　　网　www.seph.com.cn
地　　址　上海市闵行区号景路159弄C座
邮　　编　201101
印　　刷　上海盛通时代印刷有限公司
开　　本　700×1000　1/16　印张 11.5
字　　数　186 千字
版　　次　2025年1月第1版
印　　次　2025年1月第1次印刷
书　　号　ISBN 978-7-5720-3089-5/G·2747
定　　价　80.00 元

如发现质量问题，读者可向本社调换　电话：021-64373213

编委名单

主　任：汤慧慧

副主任：傅　琳　周晨

编　委：李　玮　李　妍　叶思培

　　　　俞璐男　茅佳豪　陈　露

　　　　何沅蕾

上海宋庆龄学校是上海市宋校嘉定实验学校（下文简称"宋嘉"）的文化摇篮。在其先进的教育理念和管理模式的浸润下，我校无形中传承了一种深邃的教育哲学。这种哲学融合了传统与现代的智慧，体现了教育对个体成长和社会发展的双重意义。在育人过程中，宋庆龄先生的思想就像是一棵参天大树的根，深植于宋嘉的沃土之中，为我校提供了源源不断的养分，使我校在教育的道路上不断茁壮成长，枝繁叶茂。这种根与枝的关系，正是教育传承与创新的完美体现，也彰显了教育在时代变迁中的不竭生命力。

序　言

拜读上海市宋校嘉定实验学校的首部书稿，心中充满敬意。宋校嘉定实验学校是一所新学校，正式开学仅 2 年，一部书稿就已付梓出版；书稿的作者是一群平均年龄 29 岁的年轻人，他们扎根教育现场，将与孩子在一起的点点滴滴化作文字，记录下这段充满热忱与专注的心路历程。这份成果令人欣喜，让我深受鼓舞。

在书稿中，我看到老师和孩子在学校的每一天、每个细节都被爱浸润着。宋校嘉定实验学校传承并践行着宋庆龄先生"把最宝贵的东西给予儿童"的大爱教育思想。宋庆龄先生曾说："爱孩子，是人之常情，但怎样爱法，怎样才是真正的爱，都有很值得研究的道理。"这就要求我们带着研究的眼光去反思具体的日常教学工作。

在书稿中，我看到老师们带着一颗谦卑的心，蹲下身子，试着靠近孩子；将自己"清零"，放下先入为主的判断，真正去看见、倾听孩子。很多时候，后退一步，用无条件的信任、包容和尊重去等待，等待孩子将他那颗稚嫩的心慢慢向老师敞开。能走进孩子内心深处的教育应该是孩子最向往、最需要的教育。

在书稿中，我看到了，一群年轻的教育人与孩子们共同成长的轨迹。在课堂上，学生向老师真诚地发问："老师，您认为自己是一位好老师吗？""老师，一个学期下来，您有什么进步啊？"为孩子的率真、坦诚而鼓掌，为敢于直面孩子"灵魂一问"的老师鼓掌，为包容、开放的学校鼓掌。

每个孩子都是独特的。正是这份独特，赋予了宋庆龄大爱教育源源不断的可能性和丰富性。与孩子在一起的每一天，是陪伴，更是学习；是探索，更是创新。很高兴看到宋校嘉定实验学校沿着实验性与研究性的道路稳步前行。"合抱之木，生于毫末；九层之台，起于累土。"愿这份始于爱的初心，结出累累硕果！

上海市特级教师、特级校长

上海宋庆龄学校校长

全国教书育人楷模

前　言

　　上海市宋校嘉定实验学校，秉承宋庆龄先生"缔造未来"的大爱思想，坚持以习近平新时代中国特色社会主义思想为指导，全面贯彻党的教育方针，落实立德树人根本任务。学校围绕"把最宝贵的东西给予儿童"的办学理念，致力于激发学生的潜能，培育他们广博的学识与健全的人格，为个人成长奠定坚实的基础。

　　学校以大爱教育为核心，注重德智体美劳五育并举，促进学生全面发展。明确树立"心中有大爱、眼里有光芒、脚下有力量、行动有方向"之培养目标，期许青少年在此教育沃土中茁壮成长，绽放光彩。

　　学校视大爱教师为瑰宝，深谙教师幸福感之重要，倡导专业精湛与大爱情怀并重之教师成长路径，积极响应新时代培养"四有"好老师、弘扬教育家精神之号召。我们深信，唯有具备大爱精神的教师，方能培育出拥有大爱品质的学生。本书中的教师群体所述，正是这一理念的生动诠释。他们青春洋溢，平均年龄未及三十岁，甚至多数仅拥有一至两年的工作经验。然而，正是这群年轻教师，在短暂的教育实践中，迅速领悟到了教师职业之真谛：传授知识固然重要，更需要以满腔热情和大爱之心，关注学生的心灵成长与个性发展。

　　本书通过一系列生动的故事和随笔，展现了这些教师在日常生活和教学中如何践行"大爱教育"的理念。他们以爱心为笔，以智慧为墨，为学生们营造了一个温暖、包容、富有创造力的学习环境。在这里，每一个学生都能寻到自己的兴趣与方向，勇敢地追寻梦想，在未来的海洋中扬帆远航，乘风破浪，绽放出青春的浪花。

在嘉定这片教育的沃土上，我们倾力打造一所"充满人间大爱的学校"，成为居民信任满意的"家门口的好学校"。我们深知，教育不仅是知识的传递，更承载着对社会、国家的崇高使命。我们期待每一位学生不仅在学业上出类拔萃，更能在生活中践行大爱，成为未来社会的中坚力量。

我们希望宋嘉能成为孩子们梦想启航的港湾、成长的坚固基石。愿每一位从这里起航的学子，都能在人生的旅途中，以大爱为帆，以学识为舵，让自己的生命之舟勇敢地驶向梦想的彼岸。

目　录

第一章
爱之萌芽，育心育人

在教育的广阔天地里，每一位教师如同园丁，用无私的爱和耐心，细心浇灌每一颗心灵的种子。爱是教育的灵魂，它温暖如阳光，能驱散学生心中的阴霾，点亮他们前行的道路。当学生在成长的道路上迷茫或徘徊时，当学生深陷坏习惯的泥潭时，教师那份深沉的爱就能化作指引的灯塔，引领他们走向光明。教师不仅是知识的传递者，更是学生心灵的守护者。他们用爱的力量，为学生的未来绘制出一幅幅绚丽的蓝图，让每一个学生都能在关爱的阳光下茁壮成长，绽放出属于自己的光彩。

育花融真情，遇己待花开

郑　缘

《汉书》中说："太刚则折，太柔则废。"如今读来，这句话不正是教育中提到的刚柔并济、张弛有度、恩威并施的做法吗？初入职场，面对性格各异的学生，我们应该拥有一颗敢于挑战、坚若磐石的心；同时要细嗅蔷薇，善于发现不同学生的闪光点，记录与学生相处的每一个瞬间……

接纳"尖刺"，细嗅不同

有的孩子，如同蒲公英一般，不论在哪里落脚，都能在新的土壤中孕育并盛开生命的花朵。然而，有些孩子却像带刺的玫瑰，虽然外表鲜艳美丽，但身上的刺却有可能伤人伤己。球球就是这样"一朵带刺的玫瑰"。

最初，球球表现得极为固执，从不向任何人妥协。在音乐课上，他不仅无视老师的指导，甚至会脱掉鞋子，在音乐教室里呼呼大睡。课堂上，他也常与同学发生口角。当老师出面阻止并批评他时，他总是坚称是对方先挑衅，还做出想要击打同学的动作。

在书法课上，当所有同学都全神贯注地听讲时，球球却拿着毛笔将墨水甩在毛毡上，甚至向墨汁中吐口水。当我询问他时，他抬头不屑地说："没意思！"我只能把他带到门外，还未开口，只听"哇"的一声，球球放声大哭，响亮的哭声回荡在整个教学楼中。我把他领回教室，希望这能安抚他的情绪。然而，他根本不理会我，只是闭着眼睛继续大哭，哭声震耳欲聋。当他情绪逐渐平复后，我才了解到，原来他觉得被拉到外面很失面子，他讨厌同学们嘲笑他，这让他感到非常生气。

我意识到，虽然球球性格倔强，不在乎学校的规章制度，不听老师的指导，对班级活动漠不关心，总是随心所欲。但他非常在意老师的表扬和同学们的看法。

难道他不想改变这种无论怎样劝导都仍然会犯的毛病吗？不！我坚信他也是希望得到表扬，也希望与同学们友好相处的。

于是，我开始学习接纳他的"尖刺"，并引导他学会控制自己的情绪。对他这样听不得批评、爱面子的孩子，我更加注重批评的技巧。如避免使用居高临下的批评方式，因为这种方式只会让孩子心生反感，甚至讨厌老师。我尝试改变与他沟通的方式，努力成为他的朋友。结合班级的集星制度，我为他设立了单独的奖励制度。遇到问题时，我会与他进行平等的沟通，以达成共识。这样的沟通方式才达到了理想的效果，并逐渐帮助他学会控制自己的情绪。在随后的交谈中，我总会询问他的行为是否正确。最初他会默默点头，渐渐地他也会坚定地回答"是！"在大课间，他会默默地跟在我的身后，拉着我的衣角与我交谈。我知道，此刻的他已经开始改变。

软化"尖刺"，以趣定性

自二年级以来，我惊奇地发现，球球在看数学题及数学绘本时，眼里散发着从未有过的光芒。他会在课间跑到数学老师的桌前让老师给他出数学题。题解出来了，他高兴得手舞足蹈；题比较难，他就围在老师桌边寻求讲解，极具耐心。原来他在对不感兴趣的活动说着"没意思"的同时，也对感兴趣的学科及活动有着极其不同的耐心。

我偶然发现他能精确背诵圆周率小数点后很多位数时，就在班级同学面前大大赞扬了他。同学们也大为惊叹。我告诉他："学习是种神奇的艺术，老师能从数学题里感受到你对自己的高标准严要求。未来的路还很长，很多事情只要有兴趣，敢于尝试，就会发现其中的乐趣！"后来，他的数学成绩越来越好，俨然成了班级的小小数学家。他也逐渐融入了班级中，从当初一犯错就钻牛角尖的孩子已然成了一个积极热心的少年！

兴趣是最好的老师。当他对某种事物产生兴趣时，他的关注度才会提升，并会积极地去探索，更会心甘情愿地为其付出时间、精力并投入感情。紧盯缺点，只会让孩子的"尖刺"越发锋利；多寻找优点，因势利导，才能软化"尖刺"。

抚平"尖刺"，以爱育爱

这周，球球被选为点心分发员了。每到大课间时，他都以箭步冲向点心，履行他的"职责"。我一如既往地引导学生坐回自己的座位再吃香蕉。这时，我的衣角被微弱的力量扯了扯，低头一看，球球拿着一根香蕉，笑着说："多的香蕉，给郑老师一根。"课后我和副班主任交流后了解到，是点心员把多的两根香蕉放到了须老师桌上，球球看到后赶忙拿一根过来，悄悄递给我。

这或许是一件小事，但是作为老师，我仍然深受感动。我相信爱是人类共通的语言。当孩子们感受到了尊重和爱，他们也会回馈你以信任和爱。以前的他对学校众多活动毫无兴趣，现在的他也会挥动手里的学科活动集章卡，积极参与其中；以前的他不遵守纪律，又惧怕同学嘲笑他，现在的他常常与班级同学打成一片，一起探讨一些数学趣味题，还当起了"小老师"；以前的他不愿听从老师的教导，也控制不住自己的行为，现在的他能和老师友好交谈，承认错误，努力改正，还展现自己独有的贴心……

我作为他小学阶段的第一位班主任，他作为我入职后的第一届学生之一，我们都是"第一次"。作为教师，我发自内心地去爱他，同时严格要求他遵守我们的约定。我相信每朵这样"带刺"的玫瑰，都能在自己擅长的领域得到锻炼和成长，实现自己的价值，绽放更加绚丽的色彩。此刻，看着球球，看着班级里忙得不可开交的学生。他们今天是校园活动的佼佼者，明天也必将是建设祖国之栋梁！

我想做个让星星闪耀的人

俞璐男

我相信每一个孩子都是一颗星星。尤其是那些藏在浩瀚夜空中，不易被察觉的星星，它们更需要通过我们的帮助，让人们看到它们的光芒。我也坚信，当所有的星星都闪耀时，我们自己也会更加闪闪发光。

心里住着一个"小怪兽"

我们班的小吴同学，是学校的"小明星"。学校里教过他、没教过他的老师，几乎都认识他。幼儿园老师对他的评价是：这个孩子需要重点关注，他坐不住，不听老师指令，还会发出声音影响同伴，规则意识很弱。我本着平等尊重每个学生的原则，尝试客观地认识和了解他。然而，一个学期以来，我不断从各个学科的任课老师和同学们那里收到对小吴同学的"投诉"。而每次我询问他原因时，他虽然嘴上说知道，却总是一副漫不经心的样子。我感到困惑，究竟是因为我的威严使他承认了不好，还是他真的知道这些行为不可以，却又忍不住呢？我心想，难道这个小家伙心里住着一个"小怪兽"吗？

特别的爱送给"小怪兽"

内心的好奇和教师的责任感促使我想走近这个"小怪兽"。我了解到小吴同学的爸爸是个工作非常忙碌的工程师，很少陪伴和关心孩子。妈妈对孩子的陪伴质量也不高，更多地关注其物质生活的满足，而忽视了对孩子情绪和性格的培养。爷爷是家里最宠爱他的长辈，但过分宠溺对孩子的成长和习惯养成弊大于利。

原来，这个"小怪兽"一直缺乏真正关心和了解他的人。很多不良行为习惯可能最初只是为了得到长辈的关注，或是一时贪玩没有及时得到纠正，久而久之就演变为坏习惯。了解之后，我决定换一种方式来和他交往。于是下课后，我主动走到他身边和他聊天，聊彼此的家人朋友、天文地理甚至天马行空的话题。没多久，他就对我产生了信任和依赖，经常凑到我身边拉着我的衣服或手臂。我内心有些窃喜，希望用特别的爱赶走他内心的"小怪兽"。但事情远没有我想象的那么简单。

让爱充满信任和尊重

有一次，我意外发现小吴同学的一份课堂小练习写得乱七八糟，但在错误百出的答案下，我看到了不少被他擦掉却又没有擦干净的正确答案。课后我把他叫到身边鼓励他说："你知道你在这节课上有多认真吗？我看到你每次都积极举手，几乎没有走过神，怎么这么厉害？"他听完咧着嘴对我笑。于是，我又拿出了他的课堂练习对他说："可是，这份课堂练习你没有拿出课上的态度来完成，我陪着你重新做一遍，好吗？"他答应了。我给了他一份新的小练习。这次，他迅速又工整地完成了这份练习，并且基本上都答对了。我微笑着对他说："你看这才是你的实力。"我破格给了他这份练习 A+ 的好成绩。他非常高兴并认真地订正了这份练习。

在后续的学习中我常给予他更多的信任、尊重和鼓励。久而久之，他专注听课的时间越来越长，练习也做得越来越认真。从课后在教室或走廊中"惹祸"转变为主动来找我聊天。我无比感激他对我的信任和依赖。我想，是我们共同的努力，让他在慢慢成长的过程中改掉了一些坏习惯并取得了进步。

让孩子绽放光芒

托尔斯泰在《战争与和平》中写道："每个人都会有缺陷，就像被上帝咬过的苹果。有的人缺陷比较大，也许是因为上帝特别喜欢他的芬芳。"虽然和别的孩子相比，小吴同学现在所取得的成绩也许还微不足道，但我知道这个顽皮的男孩现在有了一颗温暖的心。

学期结束时我认真地在评语中给小吴同学写下了我想对他说的心里话：你是个懂事、有上进心的孩子。老师很高兴能看到你高高举起的小手。看到你这学期的努力、进步和成长，我也特别为你感到骄傲。记得多多思考，养成良好的学习和生活习惯。老师会永远陪着你。我们继续一起努力！

以爱育心，教育无痕

宋子瑞

教育不是装满而是点亮，唯有爱才能唤醒一颗沉睡的心灵，唯有无痕的滋润才能让一棵树苗茁壮成长。

自信在爱中发芽

以爱育心，能在无痕中教会孩子自信。我曾遇到一位学生，因长期受到家庭的批评式教育，形成过度自我批评的情况，以至于在课堂上鲜少见到她主动发言。我注意到这个躲在角落的孩子，于是多次与她谈心，向她表达我的关心。在交流中，我发现她内心极其敏感且柔软，并热切地渴望得到他人的认可与关注。然而，由于屡次遭受外界的拒绝，她逐渐陷入了习得性无助的境地，稚嫩的脸庞上失去了往日的阳光与笑容。为此，我常常鼓励她勇敢地举手发言、表达自我，并为她每一次克服内心恐惧的尝试鼓掌喝彩。

随着不断地战胜自我，她逐渐找回自信。在课堂上，她的精彩发言越来越多，尽管她的身形娇小，但她的声音却愈加洪亮。尤其在课堂的辩论赛中，她的表现尽显自信光芒。在一次"先自爱还是先爱他"为题的心理课堂辩论赛中，她作为四辩准确地捕捉对方的逻辑漏洞，并清晰地列出论据反驳对方论点。总结陈词时的她身体微微前倾，眼神坚定自信，语气铿锵有力。她说："只有学会爱自己，才能学会爱他人，想要给出爱，必须自己先有爱，当你不懂何为爱时，给出的爱可能只是一种打扰！"从心底绽放的自信让她的观点深入人心说服全场，最终成功地带领她的队员赢得了辩论赛，获得了全班的掌声与欢呼。从此以后她逐渐成为同学们的焦点，并在我的鼓励下成功竞选为班委成员，成为同学们眼中的榜样。这位同学的华丽蜕变也深深地鼓舞了我，让我更加坚信自己的教育理念：只要给孩子足够的鼓励与陪伴，他们心中的种子自然会在爱的滋养下茁壮成长。

尊重在爱中生根

以爱育心，在无痕的过程中教会孩子爱与被爱。我的班级中还有一位学生，因为过于调皮而经常违反课堂纪律，甚至有时会欺负身材弱小的同学。这样一位通常被视为"问题儿童"的学生，最初也让我感到束手无策、头疼不已。直到在一次与家长的沟通中，了解到他从小生活的艰难处境，我才恍然大悟该如何因材施教。这位同学从小就与爷爷奶奶相依为命，他的父母因关系不和而离异，将他留给爷爷奶奶抚养。他内心的被抛弃感驱使他通过犯错来博取他人的关注，从而逐渐变成了大家眼中的"问题儿童"。

于是，我开始定期与他沟通、关心他的生活，并在学习上给予他更多的鼓励与表扬。渐渐地，他紧闭的心门向我敞开。在持续的关怀下，他开始逐渐改变，不再通过犯错来寻求关注。我也越来越频繁地从其他孩子口中得知他的许多暖心事迹：有一次，一位数学基础本就比较薄弱的同学因生病而请假数天，落下许多功课，返校后一度因跟不上数学课堂进度而焦虑自责。他留意到这位同学的无助与沮丧，轻轻地走向这位同学，并温柔且友善地询问是否需要功课上的帮助。从此以后，下课期间常常看见他们一起埋头讨论数学题、分享数学解题经验的身影，校园里也多了一份形影不离、互助成长的珍贵友谊。他的改变让我深信，每个问题孩子的内心都隐藏着一种渴望得到关注的期盼。如果老师愿意用爱去灌溉、用心去教育，那么所谓的"问题"就会迎刃而解。

教育对我而言，不仅仅是传授知识和灌输社会道理，更是用一颗真诚的心去温暖另一颗心。教育不是简单地填充知识，而是点燃智慧的火花；不是冰冷的教条，而是用爱去唤醒沉睡的心灵；不是粗暴的干涉，而是以身作则的示范。润雨无声，教育无痕，我也希望每位教师能够用自己最真诚的心潜移默化地点亮孩子们的心灵，让大爱之光播撒在校园的每一处角落！

爱是教育的一门功课

叶思培

教师这个角色在一个孩子的成长过程中所带来的力量和影响是巨大的，不论面对的是什么样的孩子，唯一不变的核心就是爱。我坚信，只要我们用爱去关怀他们、影响他们，让他们在爱的滋养下得到精心浇灌，他们定能如太阳花般绽放。

教育之爱需要细致入微

在我踏入工作岗位的第一年，我接手了一个一年级的班级，其间遇到了许多意想不到的情况。其中，给我印象最深刻的是一位患有糖尿病的孩子。他名叫伊伊。起初，这个孩子和普通孩子一样健康活泼。但一段时间后，我发现她上课变得不积极，频繁地去厕所，下课后也总是无精打采地趴在座位上。在联系孩子的母亲并了解情况后，我建议家长带伊伊去医院检查。去医院的当天，伊伊就因尿酮酸症中毒住进了儿童重症监护室，并被确诊为 I 型糖尿病。我深感心痛，这么小的孩子每天都要与血糖检测仪为伴，三餐前都要注射胰岛素。然而，我也感到些许庆幸，因为在与孩子们的相处中，我能够关注到他们的各个方面，及时发现问题，从而避免了一些难以预料的后果。

教育之爱需要身体力行

在我的班级里，还有一位发育迟缓的孩子。他名叫小睿。他的感知能力、认知能力和社会适应能力的评估值远低于合格线，只有运动能力相对较好。因此，如果没有老师监督，他就会在校园里四处游荡，这让任课老师们感到非常困扰。我和孩子家长尝试了各种方法，甚至在他身上安装了 GPS 定位，但收效甚微。后来，我和副班主任轮流每节课坐在他身边陪读，不断提醒他、鼓励他。渐渐地，他能在座位上坐上 10 分钟、20 分钟甚至更久。

当他能够坐得住后，我又发现了新问题：他会在课堂上突然捂嘴笑或重复其他同学的话。起初，孩子们觉得这很好笑，甚至有些孩子会模仿他、嘲笑他。于是，我开始思考如何引导孩子们。有一次，当我们讲到课文中有趣的内容时，小睿又捂着嘴大声发笑。我对孩子们说："看，小睿也在认真听课呢，他肯定也很喜欢月亮船。"孩子们都笑了。当一个孩子回答完问题后，小睿又发出了笑声。我又说："看来你回答得很好，小睿牢牢地记住了你说的话！"孩子们再次笑了。随着时间的推移，大家对小睿的举动变得更加包容。当我请小睿跟读或者背诵古诗时，孩子们会和他一起小声背诵，并自发地为他鼓掌。

尽管没有向孩子们解释小睿的情况，但他们似乎与我有一种不言而喻的默契，他们并没有把小睿视为异类，反而成长为一群和我一样会关爱他的人。

教育之爱需要循循善诱

在我工作的第三年，我再次担任一年级班主任。相比第一年，我变得更加从容，并有了更多的思考。班上有一个叫小凯的孩子，他的家庭环境非常特殊，父母离异，且父亲已到退休年龄，母亲患有精神疾病。他们曾因孩子是否应该上学的问题争吵不休。在该上幼儿园的年纪，小凯一直被母亲封闭在家里，直到母亲被送进医院，他才获得了上学的机会。

面对他的到来，我深感担忧。我赶紧把小凯要来校的消息告诉了班里的孩子们，所有孩子都铆足了劲要把最好的一面展现给小凯，仿佛这是一场班级"大阅兵"。在小凯进入校园的第一天，他人还没走到教室门前，孩子们就热情地将他团团围住，迫不及待地和他打招呼。在孩子们的簇拥下，小凯羞涩地走进了教室。虽然有些腼腆害羞，但他的脸上洋溢着快乐的笑容。

那段时间，我的耳边总是响起孩子们的声音——"我带小凯去认一认厕所。""我来教小凯怎么还餐盘。""我来教小凯怎么收拾书包。"……孩子们总是争先恐后地把所有能想到的事情都承包了。每当我和小凯聊起他最近的生活时，他总是滔滔不绝地说起最近在班级里发生的故事。虽然口齿不清、语无伦次，但从他的表情和语气中，我也能感受到他很喜欢这个班级和他的同学们。然而，当我问到他的母亲时，他的声音一下子低了下来。他小声地告诉我，在过去的一个多月里，他一直住在外公外婆家，没有见过母亲，也没有与她视频过。我问他是否想念母亲，他用力地点了点头，说："想。"

看着他难过的模样，我的心被紧紧地揪了一下。我摸了摸小凯的脑袋，深感心疼。于是，我拿出一张心愿卡片递给他，"当你想妈妈时，就在这张卡片上画一颗星星。当你受到表扬时，老师也会在卡片上画一颗星星。等到这张卡片集满星星时，老师就会把它寄给你的妈妈。这样，妈妈既能知道你在想她，又能知道你在学校表现良好，她一定会很开心的。"听了我的话，小凯开心地接过卡片，一蹦一跳地回到座位上，画上了第一颗星星。

一年的时间过去了，原本腼腆的小凯变得健谈起来，也有了很多朋友。在大家的帮助下，他正一点一点地适应班级生活，自理能力也越来越强。他会在课堂上积极思考、主动回答问题；会参与各种活动、为他人喝彩；会与老师分享自己的经历、向同伴寻求帮助；会因为自己的字写得不好而主动练习；会因为作业没完成而不肯离开学校……小凯的改变让所有人都赞叹不已。

这些曾让我们头疼的孩子其实并不是我们的灾难和不幸。相反地，他们赋予了我们解决各种困难的勇气和灵感，促使我们不断思考如何应对棘手的问题，这是我们在班主任成长道路上的宝贵财富。用爱浇灌的太阳花也正如我们所期待的那样苗壮成长着。

点亮心灯，以爱育花

潘磊磊

在教育的辽阔原野上，每一朵花都散发着独特的芬芳，每一片叶子都承载着生命的旋律。教师便是那位辛勤的园丁，以悉心的呵护与耐心的雕琢，助力每一个生命个体在阳光和雨露的滋养下茁壮成长。

爱泄气的"小霸王"

在我执教的一年级班级中，有一个特别的小男孩，他就像一颗被乌云暂时遮蔽的星星，虽然光芒微弱，但渴望着春风化雨，期待着拨云见日。

小辰是一个活泼好动的小男孩，他在课堂上的表现就像一只无法安坐的雀鸟，总是不停地在座位上扭动身体，眼神游离不定，无法专注于课本。他的言语中常常流露出消极的情绪。对未完成的任务，他常常会用"反正不会给我"或"我做了也没用"这样泄气的话语来自我设限。面对老师的期望，他似乎陷入了一种"自暴自弃"的恶性循环中，受到的批评越多，他的逆反心理就越强烈，就像一只被激怒的小兽，用尖锐的爪子与周围的一切抗争。

然而，每当下课铃声响起，小辰就像变了一个人似的。他猛地推开座椅，以一种近乎命令的姿态，带领着一群忠实的追随者迅速冲向走廊。他的嘴角扬起一抹难以掩饰的傲慢笑意，眼中闪烁着狡黠而霸道的光芒，就像一个占地为王的小霸王。

他们聚集在一起，小辰滔滔不绝地讲述着自己编写的"电影"剧本，言辞中充满了对自我角色的夸大和炫耀。他手舞足蹈，声音激昂而嚣张，那故事里充满了他自诩的奇幻英雄主义色彩，却显然缺乏对同伴角色的尊重。

"看，我就是那个无所不能的超级英雄，所有坏蛋都必须臣服于我！"小辰挥舞着手中象征权杖的纸飞机，脸上洋溢着得意和满足。

"我也想当超级英雄……"一个小男孩怯生生地举起手，话还没说完就被小辰粗暴地打断："不行！你是我的助手，只负责把武器递给我。"小男孩失望地低下头。其他孩子面面相觑，无人敢出言反驳。

看到小辰在课下的这种表现，我感到非常困惑。他究竟是一个怎样的孩子？他的行为背后隐藏着怎样的故事？我决定深入探索，揭开他内心的秘密。

经过一段时间的仔细观察，我发现小辰实际上是一个聪明而敏感的孩子。他的消极情绪和叛逆行为，其实源于他对未知世界的恐惧和对自我价值的迷茫。他在课堂上无法集中注意力，是因为他害怕失败和被嘲笑。而他在课下带领孩子们玩耍的行为，则是他寻找自我价值的一种方式；他希望通过这种方式来证明自己的存在感和领导能力。

因此，我决定与他的父母进行深入交流。一次电话家访让我敲开了他内心世界的冰山一角。原来，他的父亲主要采用严厉的体罚作为家庭教育手段；孩子一有错误便会遭到拳打脚踢。在这种环境下，小辰心中的悲观情绪逐渐滋生并形成了消极应对困难、逃避挑战的心理防御机制。在那次家访中，我与小辰的父母进行了深入的交谈；在我的建议下，他们对孩子的教育方式有了新的认识。我们也达成了共识：家庭和学校教育应该以爱为基石、以理解为桥梁、以鼓励为动力，共同为小辰营造一个充满温暖与希望的成长环境。

闪闪发光的"小帮手"

在学校里，我时刻关注着他的点滴进步；无论是一次积极的回答还是一次认真的书写，我都会毫不吝啬地夸奖他。我和班主任胡老师商量后决定让他担任"点心发放员"；这个小小的岗位不仅培养了他的责任心，更让他感受到为集体服务的价值与快乐。每当他认真履行职责将点心分发到同学们手中时，那双明亮的眼睛里都会闪烁着自豪与满足的光芒，那是被认可、被需要的幸福表情。

随着时间的推移我们看到了小辰令人欣喜的变化。在课堂上他开始专注于学习知识，眼神中透露出对学习的热情与专注。他不再害怕挑战而是以乐观的态度面对困难，即使遭遇失败也能坦然接受。最令人感动的是，在课间他依然带领同学们在走廊上玩耍，只是此刻他的目光更加温和，笑容更加灿烂，步伐也更加坚定了。

　　在教育这场春风化雨般的旅程中，每个孩子都是独一无二的种子，他们期待着教师用爱与智慧唤醒他们内在的生命力。小辰的故事是无数校园育人篇章中的一个缩影，教育的道路漫长且充满挑战，但我们要坚守信念：只要怀揣爱心，每一个孩子都将在这片沃土上找到适合自己的生长方向并向着光明茁壮成长。

看见心灯

刘金枝

"人的根本需求就是渴望被看见。如果童年时被看见的需求没有得到满足，那么此后人生中的大部分行为，也许都是为了满足这一需求。"初为人母的我，被这句话深深地触动了。我意外地发现，在看见一个孩子童年的同时，我也看见了自己童年的影子。看见即疗愈。在这不期而遇的，一高一矮相互交织的生命路径中，我仿佛重新回到了自己内心深处的童年。在疗愈一个孩子的童年的同时，我也未曾预料地疗愈着自己的童年。

初见：怯生生的木木

我与木木第一次见面是在视频家访中。在屏幕的另一端，木木显得较为缄默，他的表情木讷，还流露出些许羞涩与胆怯。在家访的过程中，主要由奶奶与我进行沟通，其他家庭成员发言较少。

家访很顺利，但是也都是聊一些学生信息栏可以看到的内容，家访后，我的感觉是木木较为羞涩，但至少他并不像是那种调皮捣蛋或不懂事的孩子。当我听闻他在假期中依然坚持每天撰写日记的良好习惯时，我立即与他约定，待开学后将他所写的日记带来给我批阅。他轻轻地点了点头，尽管他的半边脸庞被站在一旁的奶奶无意中遮挡，但我依然能够感受到他内心的那份胆怯与不安。

初识：细心的木木

九月一日，新的学期如期而至。一大早，我就感到紧张不已。我对即将面对的学生以及他们可能带来的各种状况感到未知和期待。

在简单地与班级学生们见面之后，我开始了第一天的教学工作。由于当时学校是借址办学，午餐需要在教室内解决。食堂工作人员会将饭菜送至教室外，孩子们则排队领取。看似简单，但整个午餐过程，包括取餐、回收餐具、添饭、盛汤以及维护教室卫生等，都需要有条不紊地进行。

就在我和副班主任周老师感到手忙脚乱之际，木木羞涩地走了过来。他提出了一个有序且安全的取餐方案："刘老师，我们可以让同学们从后门排队取餐盒和盛汤，然后从前门进入教室。这样既能保证安全，又能避免混乱。"

我和周老师听后相视而笑，对他大为赞赏。第二天，我们采纳了他的建议。调整后的午餐非常有序。

接下来的日子里，木木被委以餐具管理员的重任。每天中午，他都会迅速整理好桌面，第一个坐好，并督促旁边的同学也照做。他总是能第一个出去取饭，回来后迅速吃完，因为他要负责回收餐具。一个年仅九岁的孩子，竟然能够如此细心、负责地完成这项工作，实在令人钦佩。

他在班级中始终保持着积极乐观的态度，不仅在午餐管理上表现出色，课堂上也积极参与，且思路慎密。作为班级的"总管"，我们之间的接触自然不少，我总能在他羞涩的脸上看到开心的笑容。看到他的表现，我内心深受触动。我并不是被他的懂事所感动，而是心疼他的过早成熟。在后续的相处中，我逐渐了解到了他的故事，并再次为之动容。

走近：木木的故事

然而，这种愉快的氛围并未持续太久。大约两个月后的一天，他在班级里与一名女同学发生了冲突。但不是他打人，而是木木被女同学用水杯砸了头。

我感到非常惊讶和困惑。在了解了事情的来龙去脉后，孩子们互相道歉并拥抱和好。因为这件事，我与木木奶奶联系较多。在交谈中，我们发现了木木其实内心并不自信且非常渴望关爱，这使他形成了典型的讨好型人格。

奶奶告诉我，木木的父母较早分开了。木木主要由她在照顾，听到这些后我愣住了，这和我看到的木木完全是两个人。奶奶说木木现在非常愿意到学校来，因为他觉得我就像妈妈一样。当奶奶说出这些话时，我已经泪流满面。

唤醒：点燃自己的心灯

在三年级下学期，我们班级实行了小组制度。木木被提名为队长候选人，这标志着他的能力和潜力得到了同学们的认可。然而，由于他在领导力和组织能力方面的不足，最终落选。这次经历对木木的打击颇大，他在周记中记录了自己的感受。我在批改时，给予了他鼓励与引导，写道："金字塔非一日建成，你能被提名为队长候选人，已经说明同学们对你充满信任，这无疑是一种进步。希望你继续努力，争取在下次的竞选中脱颖而出，成为真正的队长。"这种交流方式对木木的激励效果显著，之后我们也多次采用此方式进行沟通。

有一次我们布置了写信的作业。木木选择给不在身边的妈妈写信，这一举动表明他愿意向我敞开心扉，分享他的故事。此前，他并不知道我了解他的家庭。在那封信中，我感受到他的思念，信纸上的泪渍深深触动了我。在回信中，我鼓励他珍惜身边的爱，认识到生活中已有的幸福，并坚定地走好未来的路。

我始终认为，真正的爱并非一味地怜悯，而是深入了解他们的内心，陪他们成长，帮助他们发现自己的闪光点，以自己的节奏，勇敢地走在自己的道路上，去创造更美好的未来。

木木的奶奶多次对我表示感激。其实我最想感谢的却是木木。是木木让我回忆起自己的童年，唤醒我深藏心底的记忆，让我更加珍惜现在的生活，同时坚定了我为孩子们点亮心灯、指引他们发现自己光芒的信念。

每一个孩子都是一盏闪闪发光的灯，走进他们的内心，引领更多的孩子发现自己的"心灯"，能和孩子成为照亮彼此的人。

难以掩盖的光芒

雷　蕾

苏霍姆林斯基先生说："我们所教育的孩子们的心灵，绝非贫瘠的不毛之地，而是一片蕴含着美好思想，道德萌芽的丰饶土地。因此，作为教师，我们的首要职责便是去发现并精心培育学生心灵土壤上的每一棵幼苗，使其茁壮成长，最终去除自身的瑕疵与杂草。"我始终坚信，没有爱的教育是不成功的。

背后是过去，前方是未知

我的班主任工作从开始到现在，细细算来也不过半年。回想起最初的期待与紧张，那时的我仿佛站在一扇未知的大门前，背后是熟悉的过去，前方是充满未知的将来。从仅仅担任语文教师到同时肩负起班主任和语文教师双重身份，我内心充满了忐忑，我深知自己所肩负的重大责任。

作为班主任，我接到的第一项任务就是进行新生家访。在那个炎热的夏日，连续几天的家访以及整理新生记录，我的热情和耐心逐渐被消磨。我步履沉重地来到名单上最后一位学生所在的小区。

初次与凡凡见面时，他紧闭双唇，手臂交织在一起，局促地夹在双腿中间，不时晃动着。家访结束后，他和其他大部分学生一样，只是在门口挥挥手和我道别。然而，他的母亲似乎有些犹豫。到了电梯口，她终于坦言孩子身体有抽搐的症状："他从小到大一直都不太主动和人靠近，您可能也注意到他刚才有些抽动的现象了……虽然还在吃药维持，但病情已经基本稳定了。老师，麻烦您在学校多关注他一下，让您费心了。"

泪水带来的宁静

由于凡凡个子较高，我原先将他安排在了最后一排。他常常蜷缩在自己的座位上，沉浸于个人的小世界。我始终难以捉摸他的情绪，也鲜少看到他明亮的双眸专注地望向讲台。由于缺乏经验，我常常感到难以找到合适的言语与他沟通，每当想要更进一步了解他时，总会被其他事务所阻。一个寻常的周五，学生们都已放学回家。当我返回教室时，却发现凡凡坐在座位上大哭，桌上放着数学练习册。经过一番询问，我得知他因为校内作业未完成而被留校。看着摊开的数学题和空荡荡的教室，他的哭声让我也感到不安。

我迅速联系了他的家长，告知了相关情况，这为我们换来了一段独处的宁静时光。回想起他母亲曾提及每日辅导他写作业的辛劳，我深刻感受到他的不安、恐惧、无助和孤独……这或许就是他泪水背后的故事。于是，我坐下来陪他一起写作业，耐心地指出他算法上的错误。时间匆匆流逝，当他成功完成两面作业时，泪水已然止住。

眼里有光，心中有爱

自从那次简单的作业辅导之后，凡凡望向我的次数渐渐多了起来。

当我在班上询问谁愿意承担擦黑板的职责时，凡凡出乎意料地与我发生了第一次互动。每当下课铃声响起，他总是迫不及待地冲上讲台擦黑板。后来，学校购置了喷水式黑板擦，我们班的黑板因此被擦得更加干净锃亮。因为黑板擦得出色，凡凡赢得了全班同学的称赞，大家都赞叹他的责任心和用心。除了擦黑板，凡凡每天下课后画的火车也是同学们热议的话题。"凡凡画了本火车集，老师你快看……"他第一次向我展示了他的绘画作品，一本集子就是一列火车，一节车厢占一页纸，我不得不为他的创意而点赞！他逐渐变得活泼，抽动的症状也看不出来了。

在每周一次的读书分享会上，我看到了不一样的凡凡。"这是我今天分享的《鸡毛信》，谢谢大家！"随着大家的掌声，凡凡深深地看了我一眼，面带微笑，眼神明亮又闪烁。我也回以大大的笑容和热烈的掌声。不久后，他的作文中便描述了这次读书分享的前前后后：第一次分享故事的紧张情绪，在妈妈陪伴下完成故事汇报的乐趣，班主任老师在紧张地分享后给予他眼神上的肯定，以及同学们的热烈掌声……平日里安静的他，在文中诉说了许多。经过几次作业交流后，凡凡对作文写作和语文学习也逐渐产生了浓厚的兴趣。随之而来的是，我们之间的交流也变得越来越频繁了。

　　大半个学期结束后，我们迎来了初中部的首次秋游。他主动坐在我旁边，像往常一样安静。当大巴车上的音乐响起时，他突然自信且自如地放声歌唱，顿时赢得了热烈的掌声，也为我们创造了难忘的第一次出行记忆。画火车的凡凡、爱唱歌的凡凡、因黑板擦得出色而闻名于初中部的凡凡，在时光的流转中逐渐绽放出自己的光芒……

　　我们应该把最宝贵的东西给予儿童。那么，对于学生而言，什么是最美好的呢？我想，应该是内心的爱和美好。让我们把爱传递给孩子，让爱陪伴着孩子的成长，将美好传递给孩子。孩子将会回馈你以美好。终有一天，他们会将同样的爱和美好奉献给这个社会。

大爱不言，下自成蹊

邵庆悦

　　人们常说，老师的一言一行在无形中熏陶着每一个孩子。然而，在与他们的日常相处中，我渐渐发现，他们也在潜移默化地影响着我。我们之间，就像是相互缠绕的藤蔓，在彼此的交互中滋养着一种无形的力量，推动着我们共同进步。

知己知彼　百"战"百胜

　　每天清晨，随着入校音乐的响起，很快就会听到学生们踏入校园的脚步声。"噔噔噔"，从迎接他们的第一天起，我便发现班级里有个"特别"的男孩子。他总是在不同场合用各种方式吸引眼球。比如，他每天走进教室时都故意把脚步踏得特别响。每当老师上课让大家翻开书本或者问是否听懂时，他会大声地"捧场"，抑或是激动地站起来："哦！我知道，我知道！"引得哄堂大笑，而他则是一副乐在其中的样子。下课后，他常常热衷于大声笑着跑来跑去，一圈又一圈地在教室里外"忙活"，刻意地在同学交谈间"加戏"，引得其他同学纷纷来告状。因此，我不可避免地需要找他谈一谈。

　　在这些证据和事实面前，他的第一反应是否认。被识破后，他又会非常诚恳地对我说他不是故意的。"那下次还会这样吗？""不会了。"这样的对话不知进行了多少次。于是，我决定通过他的父母了解情况。在与家长的沟通中，我感觉到他的母亲是一个非常谦逊、礼貌且尊重师长的人。她对孩子的问题也有所认识。在与家长的沟通和孩子的行为分析中，我大致了解了孩子的性格特征：他调皮捣蛋，内心并不真的害怕老师的批评，但实际上又很在意老师的看法，并喜欢吸引别人的注意。

　　在对他有了多维度的了解之后，我再次找到他，对他近期的进步给予了充分的肯定，并故意提出了一个问题："你想要成为老师和同学喜欢的人吗？"他点了点头，态度格外认真。我能感受到，这是他真正渴望的，只是他没有找到正确的方法。那么，我想我可以为他提供一些更好的建议来实现他的愿望。"你可以试着在老师提问时举手回答问题、下课文明地参与同学们的聊天，或者只是安静地坐在座位上看看书。也许其他同学会和你一起看呢？"他思考了一会儿，欣然接受了我的建议。

无声留白　静待花开

在经历了几番沟通和交流之后，接下来的一段时间里，我们之间似乎进入了一种"此时无声胜有声"的阶段。比如每天上学时他开始放轻脚步、略带"刻意"地看着我。我想他在用这种方式询问他是否达到了我为他设定的目标。于是我只是微笑着朝他点了点头作为回应。

就这样，我不再频繁地找他谈话，而是悄无声息地观察他的行为变化，就像静静地看着一棵小树苗在发芽成长一样。我看到了他在努力地改变自己，他依然会用试探性的眼神看着我，而当我给予他一个无声的微笑作为肯定时，他便会继续按照我给出的建议努力做得更好。

不知多久之后的一天，他主动来到我面前问道："邵老师，你觉得我最近怎么样？"我笑着给了他发自内心的肯定回答："你很努力，做得很好。"然后，他回应了一句话，让我的那一天充满了快乐和自豪感："但我觉得我可以做得更好！"不自觉地我露出了微笑回应道："好啊！那你就去做吧！"

不仅如此，在不断地改正自己的行为规范的同时，他的学习也在妈妈的协助下有了明显的进步。原本潦草难懂的作业单逐渐变得工整了起来。老师们对他的赞扬也日渐增加。

在一次大课间，我抓住机会与他聊天，及时鼓励和肯定了他。这一次他愣了半天没有回答我，一时间我以为可能是我说得太复杂了，于是我说："没事，你先去玩吧，记住老师对你的期望就行。"十分钟大课间结束后，他再次回到我面前说了和之前相似的一句话："可是邵老师，我觉得我做得还不够好啊。"

这是第一次我看着他坚定的眼神，真正感受到他不再是敷衍地表现自己，他是在真的学习吸收意见，思考如何成为更好的人了！

"你已经取得很大的进步了，老师对你非常满意。但如果你对自己还不够满意，那你就继续努力吧！"这次他点头带着几分不确定，我想他真正开始思考自己的学习和生活了。

远远地，我看见他主动找到了其他小伙伴，"学着"彬彬有礼地和他们打招呼，询问他们是否愿意与他同行。我很高兴，他的小伙伴也接受了他的改变和进步，欣然接受了他的邀请。看着他们欢笑奔跑在操场的样子，我也深深感受到了孩子们身上天真无邪的情感。

在回去的路上，我回想起和他一年的相处过程，虽然有过头疼和烦恼的时候，但在多次"交战"中我感受到他其实对我产生了依赖，并希望得到我的关注和喜爱，我想被需要也是一种力量吧！

当选择教师作为自己的职业，我们的使命就是用心中最纯粹的爱去浇灌每个幼芽，用耐心和真心让他们感受到我们的关怀，从相处中激发他们小小的身体里的潜能，满怀期待地等待着他们长成不同的大树！而这份爱也正是源于每个纯粹、真诚的他们！

以爱为名，照亮未来

潘家暖

致我所热爱的：如果你感觉自己如同孤舟在黑暗中漂泊，身心疲惫，无处寻找精神的慰藉，那么，请相信，我会始终陪伴在你身边，唤醒你内在的真实自我。

让孩子感受"偏爱"

在我的班级中，有这样一位特别的小女孩。她身形娇小，仿佛一缕轻风就能将她吹走，但她的眼中却闪烁着明亮而好奇的光芒。她聪明伶俐，拥有超越同龄人的独立思考能力和坚定的价值观。对于身边的每一件事情，她总是充满好奇地问"为什么"。她做任何事情都有着自己独到的理由和逻辑。她总沉浸在自己的小世界里，不愿意与我分享她的想法和感受，让我感到很无奈。

在某次吃午饭时，她迅速地吃完了，然后猛地一下将餐盘扔进了地上的回收箱。餐盘之间发出的巨大摩擦声让她瞬间惊愕，但她却试图迅速逃离现场，仿佛害怕被责备。我立刻拉住了她，温柔地询问她这样做的原因。她倔强地回答："我就要这样！"我当时很生气，开始告诉她这样做可能会带来的各种不良后果。然而，她对我的长篇大论并不感兴趣，只是反复地问："为什么？"

当我意识到单纯地讲道理无法打动她时，我改变了策略。我关心地问她是否吃饱了，她点了点头。我进一步询问她接下来的计划，她告诉我她想去图书馆看书，因为时间很紧迫。我恍然大悟，原来她扔餐盘是为了节省时间，以便有更多的时间去阅读。

于是，我再次询问她："为什么要扔餐盘呢？"她坦率地回答："这样做会更快。"接下来的谈话变得非常顺畅，我站在她的角度分析了扔餐盘的潜在危险，我还告诉她，我们可以一起找到更好的方法来节省时间，同时也不违反餐桌礼仪。

自那以后，我一直与她共进午餐，她的餐桌礼仪也日渐规范。经过这次有效的沟通，我深刻地意识到，她更需要的是情感上的交流和理解，甚至需要我向她表达某种特别的"偏爱"，让她感受到被关注和被理解的温暖。

特别的爱给特别的你

三年级上学期的一个月里，几乎每天都有老师和同学向我反映她的问题行为，比如擅自拿取他人物品等。尽管我每天都在尝试与她进行深入的沟通，但效果微乎其微，我甚至觉得自己成了一个专门处理告状的"专业户"。

在与心理老师和她的母亲多次深入交流后，我终于拨开了迷雾。原生家庭问题，如父亲陪伴的严重缺失、母亲认同感的不足以及二孩的到来，都像一座座大山压在她幼小的心灵上，让她感到极度缺乏安全感。她其实非常热爱学校生活，因为校园能给她带来难得的快乐。她不明白为何自己的行为总是被人告状，因为在她看来，那些行为都让她感到满足和快乐。

在与她相处的近两年时间里，我有过挣扎和绝望，但当我了解到她家庭背后的复杂原因后，我心中更多的是对她的心疼和同情。于是，在学期末，我与她达成了一个"不告状"的协议，并为自己之前可能过于严厉的行为向她道歉。我承诺会在班级里给她营造足够的安全感，继续积极地与她沟通，努力成为她的知心朋友。我希望在她的小学阶段种下爱的种子，让爱照亮她未来的人生道路。

新学期开学第一天，她兴奋地告诉我："老师，我有一个妹妹了，我好喜欢她。只是她现在还不能说话，不能和我一起玩，但是妈妈说了，妹妹会长大，而且会一直陪伴我的。"从她的言语中，我感受到了她对这个小生命的喜爱和期待。作为老师，我真心替她感到开心。她喜欢收集各种"稀奇古怪"的文具，说可以跟妹妹一起分享。作为老师，我原本担心这会分散她的注意力，但是作为她的知心朋友，我与她约定，只要她能够在学校遵守规则，这些文具就可以带到学校来，这是我给她的"特权"。我希望她能够感受到老师的"偏爱"和特殊关怀。

又过了一阵子，她有些失落地告诉我："妹妹现在还不能吃这些点心。"我当即安慰她："没有关系，妹妹现在还小，确实不能吃。但最重要的是，你有这样与妹妹分享的心，这就是你这学期的成长，你真棒！"她听到后，笑着跑出了教室，眼里闪烁着快乐和自信的光芒。

　　看着她一天天成长，从那个孤独不安的小女孩，到如今学会分享、懂得关爱他人的少年，我深感欣慰。我意识到，教育不仅仅是传授知识的过程，更是心灵的引导与呵护的过程。每一个孩子都是一颗独特的种子，需要我们用心去理解、去浇灌，才能让他们绽放出属于自己的光彩。

用爱允许每个孩子犯错

张梦甜

外面的世界很精彩，孩子的世界更可爱。我愿沉浸在孩子的内心世界，弹拨和谐动人的乐章。

"网"住特别的小哪吒

我仍然清晰地记得，爱在小孙同学身上所产生的巨大影响。

小孙同学刚升入一年级时，就像一位"上天入地"的小哪吒。上课时他东张西望，用尽各种手段打扰同桌；他无法安静地坐在椅子上，稍不留神，"轰隆"一声，他就会连人带椅子一起摔倒；平时上课他不是玩玩铅笔，就是动动后面同学的尺子，同学和老师们都不胜其扰，却又无可奈何。不断有老师来告状："你们班的小孙又惹祸了。"老师们的批评对小孙来说已经是家常便饭，他总是左耳进右耳出。

面对这种情况，我一度想要扭转局面。于是，我课后找小孙谈心，对他进行批评教育，告诉他应该怎样做。在课堂上，我抓住他的每一处优点极力表扬，树立榜样。他也多次虚心接受批评，真诚道歉，然而这些改变都只是昙花一现，没过多久他又会重蹈覆辙。

不久之后，我们班开始实行班级积分管理制。自从积分制实行以来，我发现小孙的行为得到了很大的约束。因此，在积分的基础上，我也设定了奖品，每达到一定的积分便能获得相对应的奖品。在积分和奖品的激励下，小孙同学各方面的行为都有了很大的进步！

共同守护的"秘密"

那天放学时，我接到小孙妈妈的电话，她问道："张老师，您最近给过孩子奖励吗？"听到小孙妈妈的话，我感到十分疑惑。了解后得知，小孙同学前一天带着一套乐高玩具回家。当妈妈问起乐高的来源时，小孙同学回答说："是张老师奖励给我的！"小孙同学的妈妈十分怀疑，于是打电话给了我。她的语气中充满了无奈和歉意，决定明天要带着小孙同学一起来学校归还乐高玩具并道歉。

第二天，我虽然仍然感到生气，但看到他低着头不断地小声道歉，我的心也软了下来。通过多次与小孙的沟通，我深刻地认识到，在教育他们时，首先要在自己与学生之间建立一座心灵相通的桥梁。只有让学生感受到老师给予的爱，他们才会信任我，从而敞开心扉。其实做错事情的他们也一定是紧张和害怕的，所以我想，不如站在他们的角度，帮助他们一起解决问题，而不能只是单纯地批评说教。我决定抓住这个机会对他进行思想教育。为了不让他尴尬，我把他叫出教室，心平气和地摸着他的头，并与他进行了交谈。

我问他："小孙，当你拿到这个乐高玩具的时候开心吗？"小孙不说话。我接着问道："我知道你心里一定是紧张、害怕的，对吗？"他羞红了脸点点头。我知道他听进去了，便接着问道："回家之后，你开心地玩过这个乐高玩具吗？"小孙摇摇头说："从来没有，每次我都只敢趁着妈妈不在房间时悄悄地看一眼。"我告诉他："是啊，虽然得到了这个礼物，但是得到方式不同，你所收获的快乐也是不同的对吗？"看着他红着眼眶不说话，我告诉他，一定会为他保守秘密。同时我也告诉他想要获得奖励和真正的成就感应当是靠自己的努力得来。

小孙一边流着眼泪一边点头。我乘胜追击："作为男子汉，要勇敢承认自己的错误，并且为自己的行为负责！希望这次之后你能做出男子汉的样子来，用行动来告诉大家，你会改正错误！"小孙听懂了。在离开时他悄悄地告诉我，他还以为我会狠狠地批评他一顿呢。

自从这件事之后，小孙也渐渐开始克制自己的一些行为。有时在班级里捡到一张积分卡也会兴奋地拿到我旁边大喊："张老师，这是谁丢的积分卡！"与此同时，他也渐渐改变了自己平时与同学的沟通交流方式。我也知道这种转变并非一日之功就能实现的，我需要付出更多的耐心和爱心。

冰心曾经说过："爱是教育的基础，是老师教育的源泉，有了爱便有了一切。"每位学生都是独立的个体。对于一个孩子来说爱是安全感，是自信的来源，是前进的动力！而我也要继续践行爱的教育，在教育教学工作中不断摸索、不断进取，把爱洒入每个孩子的心田，渗透每一个细节。

牵着"蜗牛"去散步

李迎春

教育孩子就像牵着一只蜗牛在散步。有时会因孩子的行为而气急败坏，甚至失去耐心。然而，孩子也在不知不觉中，向我们展示了生命最初、最纯粹的美好。

初遇：善良温暖的"小蜗牛"

在我从事教育工作的第二年，我遇见了她。她圆圆的脸庞上时而浮现出两朵红云，带着稚气，看起来乖巧而朴素，做事总是不紧不慢的。我称她为"小蜗牛"。她的作业经常无法按时完成或写得一塌糊涂。我以温柔或是严肃的语气询问学习是否遇到困难，她总是保持沉默。我从她父母那里了解情况也往往得不到什么反馈，甚至信息都未被阅读。看来，我需要尝试其他方法了。

我开始向班主任了解情况。原来，班里有个身体有缺陷的孩子，其他同学都不喜欢和他玩，但这只"小蜗牛"却与他关系融洽，平时特别照顾他，他也因此非常依赖"小蜗牛"。这引发了我极大的好奇。经过几天的观察，我发现这只"小蜗牛"实际上特别擅长照顾同学的情绪。有一次，她的好朋友情绪低落，哭泣着趴下身子，她立刻放下手中的事情跑到朋友身边，像个小大人一样，拍拍对方的肩膀说着悄悄话。看着她歪着头、头发甩到一边的模样，这是我第一次发现"小蜗牛"闪亮又可爱的一面。恰好有一次她的朋友没有拿到作业单又不好意思向我要，于是"小蜗牛"带着朋友跑到我面前来。这是她第一次说出一句超过五个字的话："李老师，你能给我的朋友一张作业单吗？"我想我终于找到了与她沟通的钥匙。我说："哎呀，原来你为朋友要作业单的时候可以这么勇敢啊！你的声音很好听，能多让我听听吗？"她害羞地红着脸、抿着嘴笑了。我明白这是一只慢热但内心善良温暖的"小蜗牛"。我想，没关系，我们可以慢慢来。

初识：慢慢前行的"小蜗牛"

要启发学生必须先滋润他们的心灵。"小蜗牛"的作业一直写得一塌糊涂，找她了解情况时我还没开口就看到她满脸通红，低着头一言不发。我想她可能是因为教室里人太多而不好意思开口。于是，我把她带到一个没有人的教室，主动和她分享了自己上学时的一些故事。她开口了，然而，她刚开口眼泪就哗哗地流了下来，仿佛一下子释放了所有的委屈。她与我分享了许多我不知道的事情。比如她的父母对她的学习并不怎么关心。听完她的讲述我很心疼她。一个九岁的孩子本应有无限可能，但在一个不被肯定和充满忽视的环境中，她变得自卑、不敢直视别人的眼睛，甚至形成了讨好型人格。幸好，在爱的耐心和真诚的浇灌下，她的内心之门已经对我打开。

爱是通过赞扬来促进成长的。我对她说："当你认真做自己喜欢的事情时，你就是一个很厉害的人。如果你喜欢美食，以后可以成为厨师、美食家或者营养师等，喜欢美食并不意味着你贪吃，而是为以后可能成为这些厉害的人做准备哦。"她看着我仿佛在问："我真的可以成为这样厉害的人吗？"我继续和她说道："你身上有着非常难能可贵的品质，就是善良。我相信你会成为一个了不起的人！但是我们要先把眼前的小事做好，才能去做更多的事情。你能答应我吗？"她与我拉钩。在班级中，我鼓励其他同学一起寻找她的闪光点，让她感受到我们的信任和喜欢。渐渐地，她的性格开朗自信了许多。她的作业也完成得更出色了。

我知道蜗牛爬得很慢，但即使是微小的进步，也说明了她正在健康地成长和进步着。

相知：我与"小蜗牛"共成长

蜗牛虽然总比别人慢半拍，却能更深入地领略周围的美丽风景：轻柔的夜风、漫天亮丽的星斗，以及清脆悦耳的鸟叫虫鸣……学生的成长并非一蹴而就，而是要循序渐进。唯有不急不躁，即使慢如蜗牛，也能爬到葡萄架上。看到"小蜗牛"在课堂上自信地举起双手，以及她眼中闪烁的光芒，我仿佛看到了漫天亮丽的星斗；"小蜗牛"回答问题的声音清脆悦耳，仿佛让我听到了鸟叫虫鸣的美妙交响。每个学生都是独一无二的，"小蜗牛"也让我深刻体会到，面对学生成长过程中的问题，教师要了解每个学生的特点和个性，"对症下药"。急躁和催促往往收效甚微。作为引路人的老师，在成长的路上，唯有牵着他们慢慢前行，才能让灵魂跟上步伐，使教书育人成为一场缓慢但从容的修行。

因为爱，天空才如此蔚蓝；因为信仰，幸福才会从平淡的生活中浮现。有时候，一个关爱的眼神、一句信任的鼓励，就能重新点亮黯淡的心灵。"关关难过关关过，前路漫漫亦灿灿。"这条长长的路，我们一起慢慢地走下去。

以爱之名，助他向上

陈　露

蔡元培说："要有良好的社会，必先有良好的个人；要有良好的个人，必先有良好的教育。"教书育人是爱的事业，关爱每一位学生是我们教师的责任。教师的爱与众不同，它是严与爱的有机结合，是明智与热情的巧妙表现。

等等"小懒虫"

在我执教的日子里，小李同学让我印象深刻。初次接触时，他给我的感觉是他非常积极。然而，一段时间后，他开始出现迟到、拖延作业、上课小动作频频等问题。这一连串的变化让我心中疑惑重重：这是我初识的小李吗？他的变化为何如此之大？

经过仔细观察，我发现他的问题大多源于不良的行为习惯和学习态度，这两者共同作用导致他的学习成绩落后。于是，我决定从纠正他的迟到问题入手。我与他进行了深入的交流，了解他迟到的缘由。有时是因为前一天晚上做作业做得太晚影响了第二天的早起；有时是因为家长开车送他上学时校门口拥堵；又或者是因为天气寒冷而贪恋温暖的被窝……在发现了问题的症结后，我和他约定，希望他能够连续一周第一个到达班级，迎接每一位同学。第二天，我在约定的时间看到了小李的身影，内心激动不已，但表面仍保持着平静。我微笑着鼓励他："明天要继续哦，老师会在教室等你第一个来。"在老师和同学们的鼓励下，他坚持做到了连续七天第一个到校。

渐渐地，小李的行为习惯发生了可喜的变化。然而，他的学习成绩并未如我们所期望的那样持续提高，这引发了我进一步的思考……

"小懒虫"要蜕变

"小李，你上课时有没有没听明白的地方？把语文书拿给我看。"我问道。他显得有些紧张："老师，有些笔记我还没写完。"我接过书本一看，这哪里是没写完，根本就是没怎么写！怪不得成绩没有提升，原来还是在偷懒！

晚上，我仔细回顾了小李这一阶段的表现，我发现将问题简单归结为懒惰似乎过于笼统，这是上课专注力不足和学习态度的问题。这些问题在我脑海中如抽丝剥茧般一一浮现出来，变得越发清晰明了。

第二天，我针对小李存在的问题、成因以及解决办法与他进行了详细沟通，并制定了为期一个月的整改计划。其间，虽然还会出现一些老问题，如抄写不认真、上课注意力不集中等，但我们都直接按照解决方法进行应对。有时候看着他疲惫的样子我感到很心疼，但当他第一个来到教室交完作业后在座位上认真早读，一个字没写好就不断改正直到满意为止，上课积极举手发言……这些瞬间都让我深受感动。

我们对孩子的爱，更多地体现为恩威并重、爱与智慧并存。我们以严谨的态度和专业的知识去引导学生，助力他们掌握学习的方法和技能。同时，我们尊重每个学生的个性差异，为不同的学生量身定制适合他们的教学计划和方法，以充分激发他们的潜能，促进其全面发展。此外，我们还通过自己的行为和态度，为学生树立良好榜样，在潜移默化中引领他们积极向上。教师之爱的独特性，正是体现在专业素养、个性化指导、言传身教等多个方面，这些都蕴含着我们对学生的无私奉献与深深关爱。

寻找共鸣的独特音符

向诗雨

"教育之于心灵，犹如乐谱之于音符，唯有爱的指挥，才能奏出和谐的乐章。"我深知每一个学生都像独特的旋律，只要用心去感受、去倾听、去关爱，就能找到与他们共鸣的和弦，共同编织出动人的乐章。

孤独的角落，独特音符待共鸣

今天的故事是围绕 Tony 同学展开的。之所以选择他的英文名来叙述，是因为每当我想起他，脑海中就会浮现出上英语课时，我喊出 "Tony, please have a try"，他脸上随即绽放笑容的场景。他常常默默地坐在教室的角落，眼神中隐藏着难以察觉的孤独与渴望。起初，我以为这只是他内向性格的体现。但随着时间的流逝，我注意到每当课间休息，同学们在欢声笑语地玩耍时，Tony 却总是独自一人静静地凝视窗外。偶尔，他也会独自一人在阅读角翻阅书籍。

在用餐后，我要求孩子们结伴返回教室，以确保他们的安全。孩子们纷纷与好友结伴而行，欢声笑语不断。然而，我再次注意到 Tony，他早已用餐完毕却一个人徘徊着不离开。我轻声询问他原因，他低声嘀咕："没人愿意和我一起走。""那我陪你一起走，好吗？"我提议道。他脸上立刻洋溢起笑容，并欣然同意。于是，我决定走近他，用心聆听他那独特的音符。

心灵的交融，爱的和弦响起

我利用每天午餐后从食堂到教室的这段路和他聊天。起初，他不愿深入交流，只做些简单的回应。但我并未放弃，每当他用完餐，我都会主动找他一起回教室，途中聊些轻松愉快的话题，试图理解他的想法和感受。

渐渐地，Tony 开始信任我，并愿意向我敞开心扉。他告诉我，他其实非常渴望与同学们交流，但每次都因意见不合而闹得不欢而散。他渴望被关注、被理解，但不知道如何表达。

听着 Tony 的诉说，我陷入了沉思，因为我仿佛在他身上看到了自己小学时期的影子。我停下脚步，搂着他的肩膀告诉他："Tony，你的主见是你的宝贵财富，但与人相处时，我们也需要学会倾听和尊重他人的意见。老师会帮助你，让你和同学们更好地相处。"

后来，我特意安排了一些小组讨论活动，为他提供与同学们合作、交流的机会。在活动中，我鼓励他多听取他人的意见，学会在团队中发挥自己的作用。同时，我也会在课堂上点名让他回答问题，并引导他学会用更平和的方式表达自己的观点。

随着时间的推移，Tony 逐渐学会了如何与同学们相处。他开始主动参与同学之间的讨论，也能够更好地理解和尊重他人的意见。他的笑容变得多了起来，整个人都变得更加自信和开朗。渐渐地，Tony 开始融入班级的旋律中，他的独特音符也开始与同学们的旋律和谐共鸣。

爱的传递，心灵的共鸣

在老师和同学们持续的鼓励和关爱下，Tony 发现了自己在班集体中的独特位置，大家也因为 Tony 的独特见解而对他赞不绝口。

Tony 不仅走出了孤独的阴影，还学会了关爱他人。他成功竞选成为学校"小白鸽卫士"，在学校这首大乐章中再次找到了自己的美妙旋律。在帮助与被帮助的过程中，明白了恰当交流方式的重要性以及合作的力量。

有一次，学校组织了户外春游活动。在活动中，Tony 主动帮助班级拉露营车。看着他小小的身板充满了干劲，看着他脸上洋溢的笑容，看着他在爱的阳光下茁壮成长，并将这份爱传递给身边的同学，我深感欣慰。我用爱感化了他，让他感受到了温暖和关爱，而他也将这份爱传递出去，让更多的人感受到了温暖。

爱是教育的源泉，教师的爱心是成功教育的原动力。对学生的热爱、理解、尊重，是教育成功必不可少的条件。在教育的道路上，我们用爱去谱写每一个学生心灵的乐章，让他们在爱的指挥下奏出和谐、美妙的音符。

每个孩子都应该被"看见"

李 玮

海灵格在《看见》一诗中写道："当你只注意到一个人的行为时，你没有看见他；当你关注到一个人行为背后的意图时，你开始看见他；当你关心一个人意图后面的需要和感受时，你真正看见他了。透过你的心看见另一颗心，这是一个生命看见另一个生命……"

我以为的"看见"

在教育学生的过程中，我们不仅要看见学生的表面行为，更要看到他们行为背后的意图和需求。这种"看见"不仅是对学生行为的关注，更是对他们作为独立个体和成长中的人的承认和尊重。

当我初次接触今天故事的主人公时，便隐约察觉到，他必定成长于一个充满温暖与关爱的家庭环境。尽管他佩戴着一副小巧的眼镜，但那双总是闪烁着好奇与智慧光芒的大眼睛，却未被镜片所遮掩，仿佛能洞察世间一切美好。

他坐在教室的第一排，这让他成为课堂上最活跃的一分子。在英语课上，他总是热情地举手回答问题，那份对知识的渴望与自信，让他的小手有时甚至会故意举到我的脸前，仿佛在说："看，我又有新发现了！"他的脸上总是洋溢着天真无邪的笑容，那份纯真与快乐感染着教室里的每一个人。他因为太喜欢我，甚至会在下课时迫不及待地跑来给我一个温暖的拥抱，那份纯真的情感让我倍感温馨。

然而，在新学期，我注意到连续数周他都不再像之前那样积极回答问题，显得无精打采。这让我心中充满了疑惑。

经过一段时间的观察，我终于忍不住询问他原因。他抬起沉重的眼皮，毫不犹豫地回答："谁让你把我们班的英语课排在下午的？我中午都没精神了！"那一刻，我被他的直白与可爱逗得忍俊不禁。

或许，我曾以为自己已完全了解他的性格，以为已经"看见"了这个孩子的一切。但深思后，我发现自己常常无意中把"看见"与"看到"混为一谈。在学校，我们每日与孩子们碰面，甚至一日数见，但我们真的"看见"他们了吗？我们是否真正走进了他们的内心世界，理解了他们的喜怒哀乐？若随机指定一个孩子，让我叙述他一天中的画面，我恐怕无法清晰生动地描绘出来。这不禁让我深思：作为教育者，我们是否应该更加用心地去"看见"每一个孩子，而不仅仅是"看到"他们的存在呢？

那一刻，我真正"看见"他了

某日放学后，我下楼送别其他孩子时，意外地发现他独自坐在门卫室的角落，埋头做作业。本想上前打个招呼，但走近后，我惊讶地看到，一向乐观开朗、活泼好动的他，竟在偷偷擦拭着眼角的泪水。当我轻声询问原因时，他再也忍不住，放声大哭起来。原来，他的父母都在市区工作，每日无法准时接他回家，而学校规定小学生在没有家长陪同下不得自行回家。因此，他不得不假装有家长来接，偷偷跟随其他同学和家长身后，独自步行回家。那天，这一小秘密被班主任发现，联系家长后得知他妈妈尚未下班，要两小时后才能来接他，他因此感到无比委屈和尴尬，泪水不由自主地滑落。

也许是因为被老师揭穿了小把戏而感到难为情；也许是因为这是父母的无奈安排而感到委屈；又或者是因为需要在门卫室孤独等待两小时，担心饥饿难耐而感到焦虑。我猜想他当时的心情一定相当复杂，因此我没有过多询问他哭泣的具体原因。考虑到他还要等待漫长的两小时，我决定先让他在学校解决晚餐问题。陪他吃饭时，他的心情逐渐恢复平静，我们边吃边聊了起来。原来，自三年级起，原本照顾他的外公外婆便回市区生活了。每天放学后，他都要独自回家，加热父母提前准备好的晚餐，然后独立完成作业。当我称赞他的独立性时，他满脸骄傲地笑了起来，重拾平日的开朗与自信。

转眼间到了快下班的时间，在征得他妈妈的同意后，我们决定打车回家。短短五分钟的车程里，他高兴地与我分享自己每天回家后的时间安排。看着他兴奋的小脸蛋，我不禁感慨万千。虽然每天到家后他都是一个人，但他却把自己的学习和生活安排得井井有条，这对于一个才三年级的孩子来说是多么不容易啊！下车前，他突然给了我一个大大的拥抱，就像是每天早上他的爸爸妈妈在校门口给他的拥抱一样，温暖而充满力量。

那一刻，我觉得我真正"看见"了这个孩子。他的坚韧、独立和成长中的不易都让我深感震撼。当我们挥手道别时，我们共同创造并分享了这段难忘的时光。

苏霍姆林斯基曾说过："在教育集体的同时，必须看见集体中每一个成员及其独特的精神世界，关怀备至地教育每一个学生。"我将带着这份大爱继续前行，"看见"每一个孩子独特的内心世界和成长轨迹。因为我深知，每一个孩子都是一颗独特的星星，值得我们用心去发现、去呵护、去引领他们绽放属于自己的光芒。

有一种教育叫陪伴

陈晓钰

你还记得那个改变了你人生轨迹的老师吗？那个在你迷茫时为你指明方向，在你受挫时给予你帮助和鼓励的人。这样的教师，我想，可以称之为大爱教师。一位优秀的教师，他不仅是教书的人，更是学生心中的引路人。他应有无尽的追求知识的渴望，更应有对孩子们无私的爱。

山雨欲来风满楼

山雨欲来风满楼。那个晚上，卧室的灯光温暖而柔和，我正沉浸在书海中。突然，电话铃声打破了这份宁静。负责学校社团的老师说："陈老师，我是二胡老师的助教。你们班的鸿鸿，他在课堂上多次违反纪律，二胡老师批评了他，他却剧烈反抗，扬言再也不学二胡了，还砸伤了二胡老师的手！"

鸿鸿是我们班的学生，他常因情绪失控而与同学发生冲突。在课堂上无视课堂纪律和学习规则，甚至对老师无礼，有时还会有攻击身体的行为。

暴风雨中的宁静

第二天，我进到教室，看向了鸿鸿。他似乎早有防备，脸上有着明显的不开心，双手紧握，眼神闪烁不定。

我轻声问道："鸿鸿，听说你在二胡课上遇到了一些不愉快的事情，能和老师详细说说吗？"

他警惕地看着我，仿佛早有一肚子的怨言："老师让我坐到后面去，我不愿意。后来二胡老师走到了我的身边。我很不开心，就用二胡砸他了。"

我揽着鸿鸿因为激动微微颤抖的肩膀，接着又问他："听起来你当时非常生气，老师认为你肯定有自己的原因，但是这中间有什么误会呢？老师为什么让你坐在后面呢？"

这时鸿鸿的语气稍微柔软了一些。我也感觉他肩膀的紧绷逐渐松弛了一些。他的声音略显哽咽，头也低了下去："因为我上课说话，没注意听讲。"

我看到鸿鸿对自己的错误有了初步的认识，于是引导他能理解二胡老师："对，二胡老师希望你能专心学习。但你十分反抗并让老师的手受了伤。我相信你不是故意的，但现在二胡老师很疼，你觉得应该怎么做呢？"

鸿鸿显得有些着急，眼睛里开始闪烁着泪花，"陈老师，二胡老师伤得严重吗？我可以和他道歉吗？"

看到小家伙已经有自己的解决方法了！我情不自禁地笑了，并给予了他肯定和鼓励，并说道："你可以写一封道歉信给老师，表达你的歉意，并承诺以后会遵守课堂纪律。我会帮你一起写这封信，好吗？"鸿鸿急切地答应了。

看到孩子内心的愧疚，我与他进一步沟通："另外，我们也要想办法避免这样的事情再次发生。如果你感到生气或不公平，有没有更好的方式来表达自己的感受，而不是用暴力呢？"

鸿鸿思考片刻，眨了眨眼睛说："我可以举手告诉老师，或者课后和你说。"

我为他鼓掌，并说"非常好！我们可以一起练习如何在情绪激动时冷静下来。同时，如果你能遵守规则，你会发现学习二胡的乐趣。现在，让我们开始写那封道歉信吧！"

他的道歉信，一笔一画都写得非常用心，其中还夹杂着拼音，显得既可爱又认真。从这封道歉信里，我相信二胡老师也能感受到孩子内心的愧疚和得到谅解的渴望。

暴风雨后的阳光

鸿鸿是独生子女，家长非常关注他的需求，尤其是爷爷对他比较溺爱，导致他缺乏同理心。但鸿鸿性格开朗。通过我们的谈话，我发现他内心善良，只是有时急躁，不知如何表达自己。

我为鸿鸿制订了积极行为奖励计划，鼓励他遵守规则和展现适当的社交行为。在班会课上，我组织小组活动和角色扮演游戏，帮助鸿鸿学习合作和培养同理心。通过这些活动，他学会了如何与他人有效沟通和解决分歧的技能。

此外，我也与鸿鸿的家长进行了深入沟通，共同制订了在家庭和学校两方面一致的行为管理计划。家长在家中实施类似策略，并提供支持性的家庭环境。同时，我寻求心理老师和专业书籍的帮助，为孩子提供专业的评估和干预。

暴风雨后的花开

经过一段时间的努力，鸿鸿开始展现更好的自我控制能力。他学会了用更健康的方式表达自己的情绪，并改善了与同学的关系。其他同学也感受到鸿鸿的热情和善良，纷纷与他交朋友。

鸿鸿这一成功案例让我深有感触：每个学生都是独一无二的，他们各自拥有不同的家庭背景和个性特质。身为教师，我们的责任不仅在于敏锐地发现学生的短板，更要深入探究其背后的成因，从而量身定制最合适的辅导方案。

每个孩子的成长轨迹都是独一无二的，正如春天开花，秋天结果。这需要时间的沉淀和耐心的等待。我们要时常驻足，聆听他们内心的呼唤。因为最深情的教育往往寓于最平凡的陪伴之中。在陪伴孩子们成长的道路上，每一天的进步都是对我们教师工作的最好肯定，也是我们职业价值的最大体现。

春有约，花不误

周梦婷

冰心曾言："教育是爱心与情感的陪伴，它在生命的旅途中播撒希望，随时可能绽放。"正如她所言，每个孩子都是一朵含苞待放的花，散发着不同的香气。只有给予它充分的耐心与爱心，陪伴它经历阳光和风雨，等待它慢慢历经生命的耕耘、收获、成长与沉淀，我们才能见证它的美丽。

遇见：未开的"小白花"

第一次注意到小七，是在开学第一天。当时，我正坐在教室里，看着孩子们一个个上台自我介绍。在一丛五颜六色的"花朵"中，一朵"小白花"闯进了我的视线。她皮肤白净，有一双好看的眼睛。一见到她，我就很是喜欢。我把声音放低，亲切地向她问好，可她并不回答我，怯生生的眼神里流露出紧张与不安。

关于小七的情况，我略有耳闻。我很难想象，这样一朵"小白花"，在幼儿园期间就和其他孩子们大打出手。她时常默默地坐在角落里，两条瘦弱的胳膊抱着单薄的肩膀，低着头一言不发。

看着她下课孤零零地坐在教室里，像高原上一朵被大雨淋湿、含苞待放的"小白花"，无人可分享，无人在意，我的心都在隐隐作痛。我下定决心，一定要尽我所能去帮助她，让她感受到班级的温暖。

走近：带刺的"小白花"

在接下来的日子里，我悄悄地把更多的目光投在这朵"小白花"上。在课堂上，我的余光总是关注着她，只要她有一点点的进步，我就会在全班同学面前表扬她，并且鼓励所有的同学都来成为小七的朋友。慢慢地，我在她脸上看到了一点点笑容，她也交到了自己的好朋友楠楠。

就在我以为这朵"小白花"终于要焕发出新的色彩时，我最不愿意看到的事情发生了。一大堆关于她的"小报告"铺天盖地地传到我耳中……这时我才意识到，这朵娇嫩柔弱的"小白花"，原来长满了坚硬的刺，仿佛保护自己的盔甲，让想靠近她的人心生惧意。

那是一个再平常不过的放学日。在排队的时候，小七和她的好朋友楠楠发生了争执。不善言辞的小七只会用最笨拙的方法表达自己内心的想法，指手画脚间就用指甲划伤了楠楠的皮肤。看着楠楠伤口处变得红肿，小七不知所措地站在一边。虽然处理及时，但这件事成了两个孩子之间的一根刺，她们立刻"断绝"了好朋友的关系，连带着让班级其他孩子也对小七避之不及。

迎接：绽放的"小白花"

在事情发生后的几天里，我总能从小七的眼神中看到她对朋友的歉意以及对和好的渴望。我也注意到了楠楠的刻意回避。小七的内心充满了矛盾，为了引起楠楠的注意，她甚至开始向我打楠楠的"小报告"。我内心明白，这个孩子只是渴望得到更多的关注。于是，我决定帮助她们化解矛盾。

在我和楠楠的沟通中，她表示仍然愿意和小七一起玩，只是有点害怕再次发生之前的事情。之后，我又找到小七，告诉了她楠楠的想法，我也建议小七做出一些改变，让同学们感受到她的歉意。她的眼神里透露出似懂非懂的神情。后来，我逐渐发现了她的改变。

每天午餐结束后，小七总是用纸巾帮助大家清理桌面；课间操时，她慢慢跟上了大家的动作；离开教室时，她会帮助忘记推椅子的同学推椅子；放学时，她会帮助班级里动作慢的同学收拾书包……这样的改变还有很多。印象最深的，还是那个午后，带着淡淡花香的音乐课。我第一次看到了小七举起的手。她用小乐器为我们新学的歌曲伴奏，赢得了全班同学的掌声。

借此机会，我把小七最近的转变一一说给孩子们听，并问孩子们："我是小七的好朋友，还有谁是小七的好朋友？"那一刻，全班同学齐刷刷地看向小七，虽然孩子们的眼神中还带着犹豫，但他们的手却毫不犹豫地举了起来。我的目光一直注视着小七，她白皙的脸上终于染上了一抹红晕。从那以后，她的笑容越来越多，也越来越喜欢和班级里的小朋友一起玩。

孩子们是祖国的花朵。作为园丁，谁不渴望自己的花园里开满了美丽的花朵？但绽放需要时间。并非所有的花朵都能在春天如期绽放，每个孩子的成长节奏也各不相同。即使成长的花朵迟开甚至未曾开放，也并不意味着他们比别人逊色。春有约定，花不误期。我坚信这些花朵在爱的滋润下终究会绽放出独一无二的光彩！

点滴滋养心灵：教师的大爱瞬间

陈贤贤

在教育的殿堂里，温暖的光芒从来都是最令人难忘的。这光芒并非来自冷漠的规则和严厉的要求，而是源自教育者内心的肯定与关怀。

光盘行动

在每个教室里，都有着一些特别的孩子，他们的行为可能看起来不那么符合传统观念的规范。在我所在的班级里，有一个孩子叫小马。他喜欢趴在地上，喜欢把各种东西塞进嘴巴，如橡皮、铅笔、纸巾等，有时甚至还会做出一些让人匪夷所思的事情。老师们尝试与小马沟通，希望他能够形成良好的行为习惯，但似乎收效甚微。小马同学的情况让我时常陷入沉思。

有一天午饭时，小马同学吃光了盘中的食物。他满怀期待地走到我面前，告诉我他把午饭吃光了。他的眼睛里充满了对表扬的渴望。我立即表扬了他，并承诺我会让他到讲台上，在全班同学面前表扬他。但由于一些班级事务，我们的约定被推迟了。当我忙于手头工作时，小马同学悄悄地走到我身边，询问什么时候可以上讲台。他内心的期待和渴望让我深受触动，我立刻停下手头的工作，让全班同学安静下来，表扬了他，并希望学生们以此为榜样，呼吁学生们珍惜粮食。

看着小马同学开心地回到座位上，我内心充满了欢喜与触动。教育中的肯定和表扬是培育学生自信心的关键。当一个学生感受到教师对其努力和成就的认可时，他们会感到自己的价值得到了肯定。这种正面的反馈不仅仅是对孩子学习表现的赞扬，更是对学生个人品质和努力的肯定。

"教育是点燃一支蜡烛，而不是填满一个容器。"教师的责任不仅是传授知识，更是点燃学生内心的激情与希望。对每个孩子的肯定，则是点燃其激情的火焰，让孩子感受到温暖。小马同学的一次光盘经历，对成年人来说或许微不足道，但对他来说却是一个小小的成就。而我的表扬和肯定，让他感受到了成功的喜悦和被认可的温暖，这种温暖将会成为他前行路上的动力和支撑。

超人魔术贴

清明节后，孩子们回到学校。下课后，小马同学来找我聊天。他告诉我，原本以为妈妈会在假期带他去东北玩，没想到妈妈却带他去了医院。说着，他变得沮丧。后来，小马还给我看了他后背上贴的药贴。看着孩子背上的两排小圆药膏，我心里挺心疼他的。于是，我对他说："这些小圆片好酷！就像机器人身上的充电口。机器人充上电后，会充满力量。你身上的小圆片药膏，它们也会让你越来越强大。"说完，我看到了他眼里闪烁出的光芒。

也许孩子因为不能去东北玩而感到失落，也许孩子因为不理解身上贴的药膏而苦恼。但我们可以从孩子能够理解的角度，小心地关心和呵护他们。每个孩子都像是一朵花，需要细心呵护和关怀。

在教育的道路上，教师的爱心与关怀，如同春雨一般，滋润着每一颗幼小的心灵，让他们在成长的过程中茁壮成长。小马让我更加坚信，教师不仅仅是传授知识的工作者，更是引领学生成长的引路人。每个孩子都需要被理解、被尊重、被鼓励、被关怀，这些都是他们健康成长的必需条件。

一树春光一树花，春风得意正少年

徐颖楠

世界之所以美好，是因为有爱。正因如此，有人说："爱自己的孩子是本能，爱别人的孩子是神圣。"我总会以欣赏的眼光去包容孩子们身上的不完美，把他们当作自己的孩子来爱护。因为我深信，只有理解和接纳每一个孩子，我们的教育才更有温度。

理解接纳，静待花开

初冬的风裹着丝缕寒意。我不禁打了一个寒战。突然，班长急匆匆地冲进办公室，大声呼喊道："徐老师，小曹和小李吵起来了！"

我脑海中一片空白，随即和班长迅速赶往教室。只见小曹手持板擦，在小李面前挥舞着。

"你们在干什么！"我严厉地喝止道。

小曹的脸庞顿时涨得通红，他立刻收起板擦，却默不作声。

"小曹抢了我的板擦！"小李抢先说道。

我转向小曹，他低下头，依旧沉默不语。

今天的小曹与往日截然不同，他变得异常沉默。

在安抚好小李之后，我带小曹来到一间空教室。我耐心地引导他说出争吵的缘由。原来，曾为班级作出"突出贡献"的小曹受到了同学们的冷落。他渴望弥补过去的错误，便与负责教室环境的小李争着擦黑板。然而，两个年轻气盛的男孩互不相让，争吵愈演愈烈。小曹一时冲动，向小李踢去一脚，却意外地踢在了墙上，洁白的墙面上顿时留下了一个醒目的黑脚印。

"你意识到自己的错误了吗？"我顺势问道。

小曹点点头，"我不应该动脚。"

"老师能理解你的感受，因为人在情绪激动时，确实难以控制自己的言行。"我注视着他说道，"但是，在宣泄负面情绪时，我们应选择更恰当的方式，如深呼吸，并不断提醒自己保持冷静。"我耐心地教导小曹：每个人都会遇到负面情绪，老师也不例外。我们要学会接纳并妥善处理这些情绪，避免用暴力解决问题。"更何况，你抢擦黑板本是出于好意，但无礼的言行却让你陷入被动。"

小曹若有所思地看着我，说："老师，我确实做错了……"

第二天，当我走进教室时，惊讶地发现那面留有黑脚印的墙面已恢复如初。在下午的班会课上，小曹向小李致以诚挚的歉意。我呼吁全班同学共同见证小曹的成长与改变，并希望大家能看到他的进步。

此时，班级一个孩子高声说道："老师，那面墙就是小曹清理干净的！"孩子们纷纷看向小曹，教室里响起了热烈的掌声。我随即给予小曹鼓励和表扬，看到他脸上洋溢的满足笑容，我深知是大家的尊重与接纳让他得以茁壮成长。

教育改革的核心理念是"个性化发展"，即因材施教、尊重差异。接纳不同的孩子，才能让每个孩子得到全面发展。接纳美好是人之本能，但接纳不完美，则是教师修行的必经之路。我们不应以单一标准衡量学生的优劣，而应尊重他们的个体差异。孩子能将自己视为班集体的一份子，找到存在的价值和前行的动力，这便是教育的真谛。对小曹而言，老师和同学的尊重与接纳，无疑是最珍贵的礼物。

此后，我们经常看到小曹在课堂中积极发言，课间主动整理讲台。他的眼神里总是闪烁着自信与热情。那个冬天，因他的改变而不再寒冷。

春风化雨，繁花似锦

冬去春来，校园里繁花似锦。学校的趣味运动会也在这一片春意盎然中拉开帷幕。

我问："每个班级都将在运动会上进行开场表演，去年我们的武术操赢得了广泛好评。今年，我们表演什么好呢？"

孩子们各抒己见，为运动会开场表演献计献策。然而，一向活跃的小曹却再次沉默了。课后，我找到他深入交流，了解到他觉得大家的想法虽好，但只有舞蹈显得过于阴柔，他希望表演能展现我们六（1）班男生的气魄与力量。我欣然接受他的建议，并鼓励他："你是个有思想、有行动力的男孩，就由你以篮球为元素，组织男生组进行表演吧！我们要展现女生的温柔可人，也要彰显男生的阳刚之气，达到刚柔并济的效果。我相信你能行！"

小曹感到惶恐不安，"老师，我不是班委干部，还犯过很多错误……"

"你知错能改，有想法就大胆去做！"我鼓励他。

没想到我的话语点燃了小曹的热情，他当晚便与小蒋一起设计篮球动作。在运动会前的训练场上，我们的篮球表演激情四溢。小曹认真努力的模样深深打动了我。

"用放大镜看学生的优点，用缩小镜看学生的缺点。"尽管只是一个小小的闪光点，但通过这个闪光点，我们可以挖掘出孩子内心深处的巨大潜能。教育的真谛在于发现孩子的天赋，并为他们的天赋绽放创造空间。育人之功在于找到孩子的闪光点，适时地给予赞赏和鼓励，为孩子的成长搭建起爱的桥梁。

我们看着小曹走在成长的道路上，正逐步成为一个意气风发的少年。

爱是教育的灵魂

一个真心爱孩子的老师应该明白，世界和孩子都是不完美的。我们应该接受他们的不完美。若有人问我用什么方法来教育孩子？我认为是理解、接纳和爱的陪伴，同时将发现的问题作为教育的契机，给予孩子展现自我的机会，然后静静地欣赏和鼓励他们。

爱是教育的灵魂，只有融入爱的教育才是真正的教育。爱让小曹不再迷茫，也让我和小曹相互理解、相互欣赏，然后共同成长。我用爱去理解和接纳小曹，陪伴他健康成长，并目送他转身走向成长的背影渐行渐远。

爱的交响曲

看完这些故事，您是否在某个瞬间找到了共鸣？是否在某个故事中看到了自己的影子？是否在某个观点上产生了新的思考？我们诚挚地邀请您，将这些感触和感想表达出来，与我们一起分享。

第二章
爱之课堂，融合创生

在教育的征途上，教师们应该思考如何通过精心策划的课程与活动，深情地对学生进行爱的教育，并以此深刻影响他们的内心世界。这样的教育方式旨在让学生在学习的道路上变得更加自信，不仅能够锻炼他们的实际操作能力，还可以在应对挑战的过程中发现他们的潜能，从而实现个人整体能力的显著提升。在每一节课的教学中，教师除了传授扎实的学科知识外，还有对学生个体的深切关怀与真诚鼓励。这种教育方法能让学生深切感受到自身的价值，进而培养他们的自信心，并有效激发他们的内在学习动力。

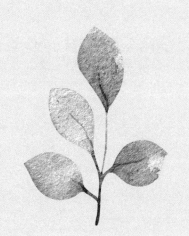

师者如光，微以致远

田梦真

"教育就是牵着一只'小蜗牛'散步，给他时间慢慢长大。"这个关于教育的比喻甚是可爱，让人觉得教育是一件有温度、浪漫的事。

爱画画的"熊孩子"

我的班级里有两个水火不容的"熊孩子"——小陈和小何。他们最喜欢问老师的问题就是"我好还是他好？"他们一言不合就"拳头伺候"，因此成了我们许多任课教师头疼的"问题学生"。幸运的是，他们都非常喜欢美术课，这也让我有机会走进他们的内心世界，了解他们的想法。我深知作为小学教师，我们应该通过各种方式更好地了解孩子、尊重孩子，并支持他们天马行空的想法，让每个孩子都处在一个充满爱的环境中。我引导他们学会欣赏彼此画作的优点，虽然他们口头上不承认对方的优点，但在课下，小陈会拿着他的新作跑去与小何分享。

画画不仅是一种疗愈方式，更是一种建立双方友好沟通的桥梁。我开始关注小何的画作。小何会安静地听我讲课，欣赏画作，学习美术知识。然而，当他拿到画纸后，他会沉浸在自己的绘画世界中，很少会画我所讲的内容。在他的眼中，一年级的知识就像幼儿时期的知识一样简单，因此他有些不屑一顾。我选择"纵容"他的这种行为，因为美术本身就是表达自己内心世界的一种方式，而不是一种强制性的要求。他特别喜欢画军事类的场景，虽然作品看起来还不够成熟。有一次手工课上，我预留了较多的创作时间。在最后展示评价环节中，他竟主动将他的画作呈交上来，让我眼前一亮。我清楚地看到了这个孩子想表达的世界。虽然画面是一场激烈的"枪击炮弹"大战，但他却能够将主体物清晰且细致地表现出来。整个画面主次分明，富有故事情节。我对他的作品进行了表扬与评价。同学们也十分肯定他的作品。也是从这一次开始，他更加热爱画画了。

爱看书的"熊孩子"

小何这个"熊孩子"在美术课上会用画笔涂画桌子，把画纸剪碎，把手涂满颜色；在班里，他会坐在桌子上，站在板凳上，甚至会脱鞋、脱袜子；会不分时间地吃点心等。然而，这个"熊孩子"却把自己的座位移到了图书角。如果课上你发现小何一言不发，转头看他，他不是在画画就是在看书。看！他又在一边吃着包子一边看书了。我轻轻地走到他身后说："你的书我能给你留住，你手里的包子可快要进垃圾桶了。"小何乖乖地把包子收了起来，又"废寝忘食"地看了一节课的书。那时我还觉得他只是个爱看书的小孩子。直到在一次自然课上王老师的课前五分钟分享环节中，小何作为代表上台分享原子弹的基本原理。他说了很多名词，如"核裂变""聚变"等。那几分钟，我作为教师也听得津津有味。这么多的知识从一个 7 岁的"熊孩子"嘴里说出来，竟一时让我感到佩服。他小小的脑袋里装着各种知识。他只是不想听他已会的知识，不想做他会做的试卷，他想探寻更加深奥的知识。在无书可看之时，他会使出"熊孩子"的招数，以至于拓展课的老师无招应付。关于他的告状可太多了。于是，我从图书馆搜集了他平时感兴趣的题材的书，让他在"嘴巴痒痒"和"小手痒痒"之时看看书。果然，这个方法很有效，书是我们成长的良药，也是他的良师益友！

爱思考的"熊孩子"

时光的齿轮拨回到某天的早晨。小何早早地来到了班里，进门就问道："田老师，二十五万乘以五百是多少？"我一怔，回答道："一亿两千五百万。怎么问这个问题？"他未答，若有所思地整理书包。过些日子就问我"地磁暴会损伤我的智力吗""我们的地球会爆炸吗"等问题。这个"熊孩子"不停地在思考这个世界。这个爱思考的"熊孩子"又让我找到了"治服"他的方法。每天放学，我写一张纸条交到他的手里。纸条上是各类问题，需要他早上带给我答案。有时他可以张口就来，有时需要费些工夫。时间久了，我与他建立了独特的沟通渠道。他的性格表现也从爱插嘴、爱捣乱，渐渐转为爱看书和思考问题，从"活跃分子"变为"研究专家"。

我热爱所有在阳光下走过的孩子，也热爱在雨中嬉闹的小顽童。教育是一条很长的路，而我正意气风发地走在这条路上。未来，在育人的道路上，我将满怀激情，与孩子们一起向未来眺望，有声，有色，有故事，有远方。

每一朵花都有自己的花期

董珊珊

每一朵花都有其特定的花期，无论是正在盛开的还是尚未绽放的，都应坚信，作为花朵，终将迎来绽放的一日。

浑身是刺的"仙人掌"

体育课上的孩子们总是充满活力与欢笑。他们对于参与小游戏和与伙伴们一同玩耍充满了热情。然而，在篮球场的一隅，我注意到一个孤独的身影，蹲在角落里，看起来气呼呼的。走近一看，原来是我们班的小孙同学。他告诉我，同学们都不愿意和他组队，他觉得自己没有朋友。课后，我了解到小孙对游戏结果过于在意，常因队友表现不佳而责备他们。因此，同学们慢慢疏远他，都尽量避免与他发生冲突，就像对待仙人掌一样，不敢自然地接近他。

转机出现在一次体育课上的分组接力比赛上。随着哨声响起，四个小队争先恐后，纷纷顺利完成了接力。然而，当接力棒传到小孙手中时，他嗖一下地冲出，却在中途不慎绊倒，看到旁边的同学都顺利冲向终点，他的神色顿时变得紧张，眉头紧皱，心想：这下要落后了，同学们肯定会责怪我，我们队要输了，我不想跑了。后面的小组队员看到小孙同学绊倒之后也跟着紧张起来。

这个时候，我对小组队长说："孙同学摔倒了，大家一起为他加油，坚持到最后就是最棒的！"紧接着，场上同学们都为孙同学加油鼓劲。在一声声的鼓励中，孙同学重新站起，坚持完成了比赛，并成功将接力棒传递给了下一位队友。

比赛结束后，我将全班同学集合起来，想听听大家对这次接力比赛的感受。同学们积极发言，对比赛的得失有自己更深刻的理解，并没有责怪任何一个在比赛中没有发挥好的同学。最后小孙主动要求分享他的感受，他表示，听到同学们的加油声让他感到非常开心，并感受到大家对他的包容。下课之后，我把他悄悄留下并询问："下次在小组比赛中，如果其他同学也遇到了类似的情况，我们是不是应该给他们帮助呢？"小孙点头表示同意，并说："同学们都对我友好包容，没有因为我失误了没拿到名次责怪我。"我拍了拍他的肩膀，对他竖起了大拇指。我相信，通过这次经历，学生们收获的友谊远比名次更加珍贵。孙同学的内心也在逐渐变得柔软。

默默守护的"仙人掌"

我们的孙同学，尽管外表带有些许"刺"，给人一种不易接近的错觉。但实际上，他逐渐成了我们班的守护者。在与他相处的日子里，我深刻体会到，他不仅能够牢记老师交代的每一件事情，而且能够以一种坚韧不拔的精神坚持到底，这种不屈不挠的态度着实令人钦佩。

每天放学后，当其他同学纷纷离开教室时，小孙却留在教室里，会细心地提醒大家不要忘记带走班级书柜里的书籍、课桌上的个人物品，以及走廊上挂着的衣服和水杯。他总是确保教室的整洁与秩序，坚持成为最后一个离开教室的人。

小孙对班级里每一位同学的学号都了如指掌，能够准确地识别出哪些衣服和水杯属于哪位同学，并及时给予提醒，以免有遗漏。他的这份细心和踏实，同学们都看在眼里。

如今，小孙已经与班级里的所有同学建立了深厚的友谊，他就像是一朵即将绽放的仙人掌的花朵，虽然外表带刺，内心却充满了温暖和善意，准备以最美丽的姿态展现给这个世界。他的故事，是我们班级中最温馨、最动人的篇章之一。

教育，这一神圣的事业，不仅需要一双能发现真善美的慧眼，更需要时间的温柔以待，方能共同孕育出那绚烂绽放的美丽花朵。"每一朵花都有它的花期"，这句富有哲理的话语深刻地提醒着我们，应珍视并尊重每个学生的独特成长历程，细心关注他们的个体差异，深入挖掘他们身上那份与众不同的独特性。我们的使命在于发现他们的优点与特长，给其鼓励与支持，让他们在自己的长处中找到那份宝贵的自信，学会服务、奉献，懂得包容与理解。

心门和钥匙

刘思卓

孩子们的心门并没有关闭，只是开启的过程需要一些观察时间并耐心等待。

开启心门的"锁"需要观察

在我所教的班上有这样一名学生，他不仅学习认真、踏实，对待同学更是大度、宽容。一次英语早读前，学生们正有序地准备早读。然而，在这宁静之中，一场"小风暴"悄然酝酿。我观察到班里一名调皮的学生在抢他的笔袋，笔袋里的笔四散开来。正当我思考如何干预时，他弯腰捡起笔袋，轻轻拍了拍上面的灰尘，微笑着对那个调皮的男孩说："看，掉地上了吧，下次不能这样了，快点准备早读吧！"这场"笔袋争夺战"以他的一句大度原谅而告终。调皮的男孩也向他道了歉，意识到自己的行为打破了原有的学习氛围。从那以后，他们还在班级里结成了学习上的"小师徒"关系，互帮互助，共同进步。

当然，这只是我观察到的，也许他还有更多未被发现的优点。

在学期末的英语学科活动中，我面临一项重要任务——为一场比赛挑选一位合适的主持人。我脑海中立刻浮现出了他的身影，因为他的英语口语十分标准。当我将这个重要的任务交给他时，他吃惊地瞪大了眼睛，仿佛不敢相信自己的耳朵，迟疑地说："我？"我笑着拍拍他的肩膀，用坚定的眼神给予他鼓励："对，就由你来担任这个比赛的主持人。老师相信你可以的！"他虽然有些犹豫，但最终还是鼓起勇气，答应了我。

第二天一早，当我们开始对稿时，我注意到他紧握着那份满是标记、略显褶皱的主持稿，眼神中闪烁着一种不服输的光芒。下课铃一响，他就迫不及待地从课桌下抽出稿子，开始反复练习。时而拿起笔当作麦克风，模拟着真实的比赛场景；时而将那一页折起，用红笔在旁边做上记号。他的努力和决心让我深感欣慰，也让我更加期待他在比赛中的精彩表现。

夕阳的余晖温柔地洒落在学校的报告厅内，为这个静谧的空间披上了一层既温暖又庄重的金色外衣。评委、参赛选手与观众已然齐聚一堂，共同期待着主持人的开场。上场前夕，他紧闭双眼，深吸一口气，让自己的心沉静下来。随后，他缓缓睁开眼，拿起主持手卡和话筒，与搭档一同坚定地迈步走向舞台中央。这一刻，他的声音变得更加坚定、清晰，且富有感染力。遇到他平时容易卡顿的地方时，我提前为他捏了一把汗。但他就像一位障碍赛运动员，用流利的吐字与发音完美地跨越了每一个预设的"障碍"！在台下，我目睹着他主持过程中的神情和语言愈发流畅自如，不禁为他热烈鼓掌！

那一刻，我深刻体会到，每个人的心中都有一扇等待被打开的"心门"，而真正的本领与自信，便是那把能够开启这扇门的"钥匙"。他用努力与坚持不断自我超越，找到了那把属于自己的"钥匙"并打开了自己的心门，也让在场的每一个人都感受到了那份由内而外散发的光芒与魅力。

开启心门的"锁"需要时间

在校园生活中，教师与学生相处的时间仅次于学生之间的交往。学生的心理在日常教学中得以滋养和成长。教师需要耐心呵护，细心观察学生的性格，针对不同性格的学生，调整课上问答和课下交流的方式。面对性格内向的学生，我们应思考如何与他们交谈，以打开他们的心门。而面对性格外向的学生，则需要考虑如何更好地激发他们的性格优势，并正确引导他们在学习中的方向。

寻找开启内向孩子心门的钥匙，并逐步培养起学生们的兴趣，这确实需要时间的沉淀。有时，老师也会在发现之旅中感到迷茫，找不准方向。这时，不妨先从学生们的优点入手，将这些优点与学科知识建立起联系，培养起他们的兴趣，搭建起沟通的桥梁。通过循序渐进的引导，这座桥梁的根基会逐渐稳固，孩子们的自信和勇敢也会逐渐展现出来。他们的闪光点蕴含着强大的能量会带来正向的能量回馈，这也是我工作前进的动力之一。

我想，每一个孩子都是独一无二的。当我们以更加细腻和包容的心态去倾听每一位学生的心声，用爱心与智慧作为指引的灯塔，那么，每一把"钥匙"都将不仅仅成为开启知识之门的工具，更是连接师生心灵、激发潜能、点亮梦想的桥梁。

让孩子成为真正的自然之子

张立娟

大自然是一部真实且丰富的百科全书，蕴藏着无与伦比的教育资源。正如著名教育家陈鹤琴先生所言："大自然便是最生动的教材。"

与自然渐行渐远的儿童

夸美纽斯曾倡议："应时常带领儿童到河边、田野、林间，让他们亲身观察并感受自然之美。"可是，当代的孩子多半被封闭在家长精心打造的"花房"里，与自然的亲近变得越来越少，失去了儿童应有的生机与活泼。孩子们的生活中充斥着电子产品和网络游戏，导致"自然缺失症"问题在儿童中普遍存在。

"老师，我在平板上见过菊花，看起来很漂亮，有各种颜色，黄色的、白色的、绿色的。菊花有香味吗？摸起来是软软的吗？"

"老师，我觉得春天没什么大不了的，我们家有中央空调，一年四季都温暖如春。"

"我听妈妈讲过七星瓢虫的故事。它的本领可大了，能够捉蚜虫保护庄稼。我很喜欢它。"

我的学生这样描述春天。他们自认为认识自然界中的事物，但当我真的带来一只瓢虫供学生观察时，他们却吓得大哭起来。他们能通过课件认出许多校园植物的名称，但真正走到校园中为植物挂牌时，却对眼前的植物一无所知。作为自然老师，我深爱着自然学科和大自然，但我的孩子却被困在无形的"囚笼"中，被"束缚"在书本里，对身边的大自然知之甚少。为此，我下定决心，要像法布尔一样，引领孩子们真正走进大自然，去探寻蝗虫的栖息地，了解植物种子的传播方式，观察蜜蜂如何为植物传粉，研究风的形成，监测河流水质的变化。

成为真正的自然之子

在学习《昆虫的六条腿》时，我利用课前时间播放了《传粉昆虫之歌》，引领孩子们进入昆虫的世界。课堂上，我展示了手工制作的昆虫奇趣乐园模型，并提议为昆虫们建立一个乐园。孩子们对此充满兴趣。我通过猜谜识虫、观察真实昆虫、昆虫运动会、制作昆虫模型等环节，让孩子们深入了解了昆虫的特征。

我印象最为深刻的是当孩子们看到模型、听到要建昆虫奇趣乐园时的兴奋神情。他们的眼中闪耀着期待。我看到了孩子们的学习兴趣被点燃。整堂课都以建设昆虫奇趣乐园为主情境。孩子们变身为乐园设计师，为乐园出谋划策。这极大地提升了他们的学习积极性。

在学习"春天"这一主题时，我告诉孩子们："今天我们要学习的内容是春天，但如果我们只待在教室里是无法真正感受到春天的。所以，今天我们要到大自然中去寻找春天。"孩子们先是惊讶地看着我，随后爆发出欢呼声。那一节课，我们走进真实的大自然，在花园里观察春天的植物变化，在草坪上感受春天的气息，在树荫下竞答春天的特征。孩子们通过对真实的大自然的观察、触摸、嗅闻、倾听来感受春天，让"春天"这两个字变得生动而具体。

这节课后，孩子们会经常询问我是否还能在大自然中上课。我想这次课堂的尝试是成功的。孩子们那时发出的欢呼声是对大自然的渴望，是自然之子对大自然的深情呼唤。真实的体验让知识不再是苍白的语言，而是鲜活的生命感受。

人是自然之子，孩子们只有真正走进自然，才能得到自然的精神滋养。在自然中，孩子们可以看到郁郁葱葱的田野，听到悠扬婉转的鸟鸣，摸到植物的种子，闻到春天的气息。只有在自然中，孩子们的本性才能像树叶一样自由伸展，他们的天性才能被真正孵化、塑造和完善，他们的特性才能得到充分尊重，从而成为人格完整、独一无二的自己。这种真实情境、真实体验、真实生活的学习方式，为孩子们解开了看不见的镣铐，打破了无形的"牢笼"，让孩子们全身心向自然敞开自己，与自然融为一体，成为真正的自然之子！

用爱播种，收获智慧

傅 琳

作为一名数学老师，我深信数学教学不仅涉及公式和定理的传授，更重要的是点燃学生内心的学习热情，培育他们的思维能力以及解决问题的能力。因此，在我的课堂上，我始终致力于将大爱教育与数学教学相融合，让学生们在学习数学的过程中感受爱的力量。

心连心分数课：用爱心设计每一个教学环节

在数学的学习中，我注意到学生们对分数的理解还停留在表面，缺乏深度与实用性的把握。为了打破这一僵局，我巧妙地将生活实例融入教学，引领学生们踏上一段探索分数的奇妙旅程。

"同学们，想象你们手中正拿着一块刚出炉的蛋糕，或是准备与家人分享的水果盘，我们该如何分配呢？"我的话语如同钥匙在轻轻旋转，打开了学生们心中对分数的兴趣大门。他们开始纷纷回忆，眼神中闪烁着对分数的期待。

随后，一场团队合作游戏在教室里热烈展开。每组学生围坐在大饼图和分数卡片前，他们或低头沉思，或热烈讨论，彼此的默契与协作悄然生长。在这场游戏中，分数不再是抽象的符号，而是变成了学生们手中可以触摸、可以理解的实体。他们的笑声、争论声交织在一起，构成了一幅生动的学习画面。

随着课程的深入，我们共同探讨了分数在日常生活中的应用。从厨房里的食谱调整，到商场里的打折计算，分数无处不在，无所不能。学生们恍然大悟，原来数学并非遥不可及，而与他们的生活息息相关。

最后，我提出了一个创意挑战，鼓励学生们发挥想象力，设计属于自己的分数游戏或实验。他们有的构思巧妙，将分数与趣味游戏相结合；有的则别出心裁，用分数讲述一个个生动的故事。这些创意不仅展现了学生们的才华与智慧，更让我看到了他们内心深处对知识的渴望与追求。

整堂课下来，学生们在轻松愉快的氛围中不仅掌握了分数的知识，更学会了如何将其应用于实际生活中。这种以爱为基石、以智慧为引领的教学方法，让学生们在学习数学的道路上越走越远，越走越坚实。

逆境中的光：大爱与数学教育的和谐交响

在我的教育生涯中，与学生之间的无数次交流与碰撞，都构成了我职业生涯的珍贵记忆。

那是一个午后，和煦的阳光透过窗户，斑驳地洒在办公桌上。我埋头于一堆九年级的期中试卷中，手中的红笔不停地圈点着。当翻阅到小元的试卷时，我惊愕地发现，这位平日里成绩出类拔萃的学生，此次的分数却远低于他平时的水平。我首先怀疑是不是阅卷过程中出现了什么差错。但经过反复核查，所有的错误都确确实实出自小元之手。

第二天，我将小元叫到办公室。他低着头，神情落寞，仿佛背负着千斤重担。我轻声询问，他沉默片刻，终于吐露了实情。原来，家中突发的变故让他心神不宁，导致他未能充分准备这次考试。了解了他的困境，我没有责备，而是选择了理解与鼓励。我告诉他，人生充满了挑战，而这次困境也许就是他成长的一个契机。我们一起设定了目标，以期末考试为时间节点，共同努力，期待他能取得好成绩。

小元听后，眼中闪烁着泪花，他用力点了点头，仿佛立下一个承诺。随后的日子里，小元如同脱胎换骨般，不仅学习更加努力，连态度都变得更为积极主动。每当看到他在教室里埋头苦读，我都深感欣慰。

终于，在期末考试后，小元以全班第一的优异成绩证明了自己的实力。作为教师，我深知我们的责任远不止于传授知识。在学生遇到困难和挑战时，我们要成为他们的指路明灯，用智慧去启迪他们，帮助他们找到克服困难的勇气和力量。看着小元的成长与蜕变，我更加坚信，教育的力量是无穷的，它能引领学生们在人生的道路上勇往直前，走向成功。

智慧的碰撞：统计课堂中的合作与成长

我曾一度发现，尽管小组合作学习的理念很好，但效果有时却不尽如人意。一次偶然的教学经历让我找到了激发学生主动参与学习的秘诀，也让我深刻体会到师生互动的重要性。

那是在一节讲授统计学的课堂上。当我宣布要通过小组合作学习开展一个统计项目时，我注意到学生们的脸上闪过一丝茫然和无奈。有的学生低头不语，有的则窃窃私语，表达着对这个看似枯燥项目的不满。我决心改变这一局面，于是设计了一个与学生日常生活密切相关的统计项目：调查全校学生放学后的课外活动时间。在宣布完项目内容后，我看到一些学生的眼睛开始放光，他们开始交流讨论起这个项目的可行性。

为了增加学生的参与度，我引入了角色扮演的教学策略。学生们兴奋地自行组队，并选择自己喜欢的角色。有的学生戴上眼镜，扮演数据分析师，一脸认真地拿着笔记本记录数据；有的学生则拿起手机，扮演数据收集员，有模有样地开始调查；还有的学生拿起笔，扮演报告撰写员，准备将小组的发现整理成文字。

在项目推进的过程中，我走到每个小组中间，与他们进行互动交流。我看到数据分析师们紧锁眉头，认真思考着数据的规律；数据收集员们则忙着在教室里穿梭，询问同学们的活动时间；报告撰写员们埋头苦写，试图用文字将小组的发现完美呈现。我时常给予他们指导和鼓励，如每当他们遇到困难时，我会轻声细语地引导他们找到解决问题的方法；当他们取得进展时，我会与他们一起欢呼，分享他们的喜悦。随着项目的深入进行，学生们的热情越来越高涨。我看到他们的脸上洋溢着自信的笑容，他们开始主动与我分享他们的发现和思考。有一次，一个数据分析师兴奋地跑到我面前，拿着他的分析图表，激动地告诉我他们小组发现了一个有趣的规律。我看着他满脸通红的脸庞和闪闪发光的眼睛，心中充满了欣慰和喜悦。

最终，在项目成果展示的环节，每个小组都有出色的表现。他们不仅掌握了统计学的基本知识，还学会了如何将这些知识应用到实际生活中去。更重要的是，他们在这个过程中学会了团队合作、沟通交流和解决问题的能力。

这次经历让我深刻地感受到了师生互动的重要性。通过密切的交流和合作，我们不仅成功地完成了教学任务，还建立了深厚的师生关系。每当我回想起那节课上学生们热情洋溢的脸庞和闪闪发光的眼睛，我的心中都充满满足和自豪。在未来的教学中，我将继续探索和实践这种师生互动的教学方式，让课堂更加生动有趣，让学生们更加主动地参与学习。

数字创意之光

吴志健

陶行知先生说:"真教育是心心相印的活动,唯独从心里发出来,才能打动心灵的深处。"只有当我们用心去关爱每一个孩子,才能激发他们的潜能,引领他们走向更加美好的未来。在教师生涯的探索中,我深切感受到这种教育的魅力和力量。

穿越历史的创新之旅

寒假期间,我们开展了一场别开生面的"穿越历史的中国年"全员导师活动。我指导学生利用 AI 生成图文和用软件剪辑视频,将学生们的丰富想象与无限创意转化为栩栩如生的数字作品。小龚同学是团队中的一员,他性格内敛,并怀揣对信息技术的独特热爱。他常静坐一角,紧握鼠标,眼神中流露出对未知世界的渴望与探索的好奇。因此,在这次寒假项目中,我特别关注并鼓励小龚同学积极参与创作环节。

项目伊始,我鼓励学生们围绕主题展开想象,共同构思故事剧本。起初,小龚同学表现出些许犹豫不决,但在我对其观点表示肯定并激励他勇敢表达后,他逐渐开始积极交流,甚至提出了许多独树一帜的创意想法。随后,我指导全体学生利用 AI 文生图工具将故事构思转化为生动活泼的画面,并教授他们如何运用视频剪辑技术将这些画面整合成一部微观科幻短片。在这个过程中,我通过线上方式陪伴小龚同学,耐心解答他的每一个疑问,并对他的每一次尝试给予积极反馈和鼓励。随着项目的推进,小龚同学逐渐从旁观者转变为积极的创作者。他制作的数字作品"新春全家福 COLLECTION"视角独特、情感细腻,充分展现了他对学校和班级的深厚感情以及对信息科技的热爱。

新学期的新角色

新学期伊始，小龚同学又给了我新的惊喜。他成功当选信息科技课的小组长。我欣喜地发现，他在课堂上变得更加活跃和自信。他不仅认真学习，还积极帮助同组的同学解决问题。小龚同学经常带领组员们一起讨论课堂问题、探讨操作中的误区，并提出改进优化的方案。在小龚同学的带领下，小组成员们总是能够齐心协力，圆满解决每一个问题。同时，我看到了小龚同学的不断成长和蜕变。一个更加成熟、有担当的少年正在崭露头角。他的进步不仅体现在学业上，更体现在人格塑造和团队协作精神的培养上。

教育不仅仅是传授知识，更是启迪心灵、培养能力的过程。正如苏霍姆林斯基所说："教育的真正目的应该是使人不断地提出问题。"我们要引导学生学会思考、学会创新、学会合作，让他们在探索和实践中不断成长。同时，我意识到作为教师的重要责任：我们不仅要关注学生的知识水平，更要关注他们的心灵成长和个性发展。我们要用爱心和耐心陪伴他们走过每一个成长阶段，让他们在关爱和鼓励中茁壮成长。在未来的教育旅程中，我将继续秉持这一教育理念，用科技的光芒照亮孩子们前行的道路，用爱心的力量陪伴他们跨过每一道难关。我相信，在我和孩子们的共同努力下，他们一定能够在数字化的舞台上绽放出属于自己的独特光彩，因为最宝贵的教育就是引导他们成为最好的自己。

用大爱之心激发孩子的未知潜能

徐　欢

教育技巧的全部诀窍就在于抓住儿童的上进心，即道德上的自勉。只有在教师首先看到儿童优点的那些地方，儿童才会产生上进心。

激发潜能，勇敢挑战未知

一堂体育课后，我试探性地问我们班的张同学："你愿意尝试花样跳绳吗？两个月后区里有一场跳绳比赛。我看你基础不错，完全有能力去挑战一下。"他略显犹豫地回答："我可以吗？"我满怀信心地对他说："当然没问题，来参加花样跳绳拓展课吧，你先练练看。老师对你很有信心。"临近比赛时的拓展课每周仅有一次。我们获奖的机会十分渺茫，甚至连入围前八名都难以保证。其实我有两个主要目的：一是带领对此感兴趣的同学去见识一下比赛场面，激发他们的斗志；二是了解区里各学校的跳绳水平。

由于备赛时间紧迫，我们只能选择一些容易上手的项目进行练习。我们将个人速度跳作为主攻方向，两人跳短绳的配合只作尝试挑战；而双飞跳在短期内难以突破，只能以顺带教学的心态进行练习。随着人员和项目的确定，同学们也逐渐意识到比赛的临近，开始感到紧张，并主动提出利用中午时间进行加练。我欣然同意，没想到他们一个比一个积极。

经过紧张而短暂的备赛之后，我们终于迎来了首次跳绳比赛。正如我最初所言，这场比赛更像是一次小小的试练与磨砺。我嘱咐他们保持平常心，只要发挥出自己的应有水平就很棒了。不出所料，个人速度跳的竞争异常激烈，我们并未获得任何名次；但双人跳短绳的表现相对稳定，最终获得了第七名，这也是我们本次比赛中唯一获奖的项目。双飞跳是让他们误打误撞地参加的，大部分同学只能一个一个地跳，甚至有些同学连一个双飞都跳不起来。我在场下暗暗为他们感到担忧，生怕他们会因此受挫。比赛结束后，有些同学抱怨道："徐老师，为什么给我们报双飞呀？我们还没熟练掌握呢！"然而，我注意到张同学更多的是在观察其他优秀选手，感叹他们的技艺之高超，并渴望自己也能像他们一样跳得又高又快。一颗追求进步的种子已在他心中悄然生根发芽。

比赛过后，大课间跳绳区域的人气明显上涨。许多在比赛中失利或对自己表现不满的同学都纷纷聚集在这里加练。尤其是张同学，他对双飞跳产生了浓厚的兴趣，在近乎痴迷地疯狂练习。更让我震惊的是，他午饭后还会偷偷跑到羽毛球馆去练习跳绳。我心想他真是对跳绳"着了魔"，但同时为他对跳绳的执着和热爱感到一丝欣慰。我希望他能继续保持这份热情，我也会与他一同努力，争取在明年的比赛中取得优异的成绩。

新学期伊始，张同学对跳绳的热爱依旧不减。经过上学期的比赛历练，他的双飞跳和个人速度跳都有了显著的提升。他的热情也感染了本班的许多同学，他们纷纷报名新学期的跳绳拓展课。这一年，他有了新的目标和计划，更难能可贵的是他依旧保持着最初的热情。我希望他继续保持自勉和上进的精神，在新的学期里变得更快更强！加油！

大爱无界，共创美好未来

看着张同学和班级里其他孩子们的成长与变化，我深感欣慰。这正是教育的魅力所在——不仅传授知识，更点燃心灵的火焰，激发内在的潜能。我所秉持的大爱之心，不仅仅是对孩子们个体成长的关怀，更是对他们未来无限可能的期许。每一次鼓励和指导，都是希望能在他们心中种下自信的种子，让这份力量伴随着他们走过人生的每一个阶段。

张同学的故事，是班级里每一个孩子成长的缩影。他们用汗水浇灌梦想，用坚持书写成长。我作为他们成长路上的引路人，能见证这些美好瞬间，实属幸运。我知道，正是这份不求回报的大爱，让教育的田野上开满了希望之花，也让我们的世界因爱而更加美好。

破生命之壳

吴沁阳

宋庆龄先生曾说："有些事是可以等待的，但少年儿童的培养是不可以等待的。"

"戴壳"的女孩

鸡蛋，是我们日常生活中最熟悉不过的东西。因其特有的一层硬壳结构，所以从表面看上去是圆鼓鼓、硬邦邦的。一只小鸡在孵化的过程中，首要任务就是突破这层硬壳。只有当这层坚硬的外壳被成功地破开，一个充满生机与活力的小生命才得以真正诞生。

小徐，一个六年级学生，初来我的课堂时显得很内向，像未绽放的花蕾。她不活泼。内敛和含蓄是她的特点。她的眼神常常低垂，似乎隐藏着紧张和不安。小徐的双手，总是无法安静地停留在课桌上。她时而捻转着衣角，时而拨弄着头发，仿佛在诉说着她内心的焦虑和不安。这种无法自控的行为，使得她在课堂上时常犯下一些小错误。每当此时，她都会用一种近乎沉默的方式存在于课堂之中，仿佛在用这种方式来惩罚自己。

我深知，每一个孩子都是一颗独特的种子，需要阳光和雨露的滋润才能茁壮成长。小徐就是那颗需要更多关爱和耐心的种子。

一次陶艺课后，小徐始终不愿离开座位，我问她是否喜欢陶艺，她点头又低头。我欣赏她的作品，发现竟很有创意，便鼓励她参加马上到来的艺术单项比赛。但她立刻便否定了自己。我问她为何，她透露父母忙于工作，很少关注她的兴趣。

虽然小徐在陶艺中找到乐趣和骄傲，却因父母忙碌而无法与他们分享，也担心得不到他们的肯定。看着她离开的背影，我心中不禁感慨万分。作为教育者，我们不仅要教授知识，更要关心每一个孩子的心灵成长。只有用心去理解他们，才能发现他们内心的渴望和期待。

用心破"壳"

这个学期，小徐同学选择我作为她的全员导师，也报了我的茶道拓展课。学习茶道的过程也是她个人品格和修养提升的过程。她开始渐渐注重日常生活中的点滴细节，将中华传统美德融入自己的言行。

正当我沉浸在这份欣慰中时，一阵急促的声音打破了宁静。

"不好了老师，小徐打碎公道杯了！"他急切地说道。

我心中一紧，公道杯是茶道中的重要器具，它的破碎不仅意味着物品上的损失，更可能对小徐同学的茶道修行产生一定的影响。到达现场后，我看到小徐同学正蹲在地上，手中捧着那些破碎的公道杯碎片，眼中闪烁着自责和懊悔。她看到我后，更是低下了头，仿佛等待着我的责备。

然而，我并没有责备她，因为我知道，这只是她在茶道修行中遇到的一次小挫折。我走过去，轻轻地拍了拍她的肩膀："公道杯虽然珍贵，但更重要的是你从中学到了什么。"

小徐抬起头，声音有些颤抖："老师，我知道我错了。我在倒茶的时候太心急了，没有掌握好力度，结果就打碎了公道杯。"我微笑着点了点头，引导她坐下。随后，我拿出一只新的公道杯放在她面前，说道："小徐，你看这只新的公道杯，它和你之前的那只有什么不同呢？"

小徐仔细地观察了一会儿，然后摇了摇头。我微笑着解释道："其实，这只公道杯和你之前的那只并没有太大的区别，但它们所代表的意义却不同。你之前的那只公道杯，代表着你对茶道的初步理解和尝试；而这只新的公道杯，则代表着你重新开始的机会和新的修行之路。"

小徐听后，眼中闪烁着光芒。她深深地吸了口气，然后郑重地点了点头，说道："老师，我明白了。"

看着她坚定的眼神，我心中充满了欣慰。我知道，小徐同学已经从这次挫折中吸取了教训，她的茶道修行也将因此更加深入和全面。而我作为她的全员导师，也将继续陪伴她走过这段修行之路，见证她的成长和进步。

现代教育的缺陷之一，就是容易教育出"精致的利己主义者"。最近的小徐让我看见了她心中有他人的闪光点。

在另外一次茶道课上，一位同学失手打碎了杯垫。还没等我前去处理，就看见小徐拿着镊子把碎片夹到塑料袋中，并在上面用笔写上："里面是玻璃碎片，危险！"

她的举动让我深感意外，也给我带来了深深的思考。在现代社会，我们往往过于强调个人的利益，而忽视了对他人的关心和帮助。然而，小徐的行为却展现出了她内心的善良和关爱。她不仅关注自己的利益，更关心他人的安全。

茶道课结束后，我特意找小徐谈了谈。我问她为什么要帮助那位同学处理碎片。她微笑着说："老师，我记得你在劳技课上讲过《余秋雨在德国租房被拒》的故事。我觉得，如果我不去帮忙，那些碎片可能会伤害到其他同学。而且，帮助他人也是一种快乐。"

宋庆龄先生曾说："有些事是可以等待的，但少年儿童的培养是不可以等待的。"的确，每一个孩子的成长都是一场无法倒带的旅程，他们的每一个瞬间都充满了无限的可能和未知。小徐的故事，让我看到了教育的力量和希望。她从一个容易急躁、粗心的孩子，逐渐成长为一个懂得关心他人、注重细节的少年，这是茶道等课程带给她的变化，更是我们作为教育者所期待的结果。

在未来的日子里，我将继续肩负起教育者的使命，用心去理解每一个孩子，关注他们的成长，引导他们走向正确的人生道路。我相信，只要我们用心去破"壳"，用爱去灌溉，每一个孩子都能绽放出属于自己的光芒。

以爱为底色，教育充满温情

何玲慧

阳光洒在这个眼神清亮的男孩身上，他正专心致志地涂鸦，画笔在他手中舞动；是的，我愿意耐心等他，哪怕他的线条并不丰富，哪怕他的绘画偏离主题。无妨，孩子，你慢慢来，老师会在这里等你。

初遇：洞见微弱的光

我仍然清晰地记得与小陈的初次相遇，那是在开学的第一节美术课上。他圆圆的脸庞上镶嵌着一双乌黑发亮的眼睛，灵动而好奇。然而，这个看似乖巧的男孩在课上却表现出种种不安与焦躁，甚至偶尔会高声喧哗。我多次走到他身边，耐心地提醒，但他却似乎并未在意。为了不影响课堂的正常进度，我巧妙地结合课堂内容，引导学生们进入绘画创作环节。当我布置完创作要求后，我听到小陈喃喃自语，似乎在说着什么。我再次走到他身边，俯身倾听，原来他想画他心爱的数字小火车。他迫不及待地拿起笔，开始了他的创作。

他的转变让我略感惊讶。要知道，之前他还显得有些焦躁不安，然而一听到绘画，他却如此主动且迅速地付诸行动。我鼓励他使用桌面上不同种类的画笔进行创作，他可以随心所欲地描绘他心中的世界。当他用画笔勾勒出流畅笔直的线条和工整的数字时，我惊喜交加。对于一个一年级的孩子来说，能够如此熟练地控制笔触，将线条画得如此笔直，数字写得如此端正，实属不易。我用赞许的目光看着他，并在同学们面前表扬了他的进步。他羞涩地笑了，红扑扑的小脸上洋溢着自豪与喜悦。

课后，我主动向班主任了解他的情况。原来，小陈因身体发育迟缓而导致某些行为不可控。然而，在美术创作中，他却展现出了截然不同的面貌。这件事对我产生了深远的影响，让我意识到每个孩子都有其独特的世界和闪光点。他们正在朝着自己的目的地前进，只是步伐稍显缓慢。作为教师，我们需要给予他们耐心的引导和鼓励——没关系，孩子，老师会和你一起慢慢前行。

走近：点亮孤独的心

在初入职场参加新教师培训时，一位老师的话语深深地烙印在我的心中："爱能创造新的生命，爱能铸就教育的辉煌，爱能书写崭新的奇迹。"我深知，若想进一步启发小陈，必须先滋润他的心灵。于是，我迅速付诸行动。在明面上，我继续观察并寻找契机；在私下里，我旁敲侧击地询问同学、联系家长。从家长口中得知，小陈在幼年时期便缺乏父母的陪伴，导致他在社交方面存在一些问题。我深知他需要更多的关爱与陪伴。

因此，在美术课中及课后，我都尽可能地给予小陈更多的鼓励和关注。我放大他的闪光点，让他在美术课上更加自信。渐渐地，他从跟不上课堂节奏、随意创作转变为能够跟上课堂节奏、遵守课堂纪律。他的美术学习变得越来越主动，甚至会在去美术教室的路上主动拉住我的手说："何老师，今天我们一起去美术教室画画吧！"此外，我还与小陈周围的孩子们建立了长期的沟通机制，希望他们能够共同帮助小陈融入集体。慢慢地，越来越多的孩子主动与小陈交流玩耍。他的笑容也渐渐多了起来。

在上学期结束时，我把小陈的绘画作品整理成册作为他的学期奖励。同学们纷纷给予他赞许的掌声和真诚的祝福。当他拿到这份特殊的奖励时，眼中闪烁着兴奋和自豪的光芒。我知道他此刻一定感受到了老师和同学们对他的善意和爱意！而我也深刻地体会到了为一个生命的成长所付出的努力和坚持是如此值得！

反思：我们一起成长

在教育这条道路上，我陪伴着一群群可爱的孩子们慢慢成长。我坚信爱和温暖是我内心深处的底色，在不知不觉中我与这些孩子紧密相连。孩子们的陪伴让我感到无比的快乐，并拥有了归属感。朱永新教授曾说过："一个理想的教师应该是一个充满爱心、受学生尊敬的教师。"在教书育人的旅途中，我们总会遇见形形色色的挑战，但世间所有的相遇，都是久别重逢。如同冷与暖的交汇，便有了滋润大地的细雨；春与冬的更迭，便织就了流转的岁月。而在我心中，最美好的邂逅，莫过于轻轻牵起孩子的小手，传递温暖，为孩子撑起一方爱的晴空。

我愿意以爱为底色，做一个有温度的教师，温暖孩子们的童年，同时也温润自己的内心，给自己再一次成长的机会。

艺术浸润心灵

周伦灿

宋庆龄先生在《愿小树苗健康成长》中谈到对文学艺术要有鉴赏力。优美的音乐、美术、文学等对陶冶性情有着重要的作用，能够抵制那些不健康的东西，陶冶优美高尚的情操。学生在学习文化知识之余，接触来自世界各地优秀的艺术能够净化他们的内心，即通过感受艺术来引导他们健康成长。

让花成花，让树成树

允许学生做自己，接纳生命的全部是我作为一名新教师对学生的期许。我始终认为每一个孩子都是特别的，在这样一个竞争强且很"内卷"的时代，他们作为新时代的接力者，学生承受着比我们求学时更大的压力，所以我接受孩子们有个性的一面。

记得开学不久，学校艺术辅导员告知我嘉定区最近有一项区级绘画比赛，希望我动员孩子们能够积极参与比赛，展现才华。我想这是一次能够让孩子展现自己艺术表现的机会，便鼓励学生们报名参加。结果令人欣慰，在短短的一周时间，孩子们积极地将他们的作品递交到美术工作室。让我惊喜的是学生的作品在构思和用色上展现了令人赞叹的创新意识，其画面展现的不仅是我在课上教授的知识与技能，更多的是他们天马行空的想象力。其中，宁同学的国画作品《州桥老街》给我留下了深刻的印象。他以传统笔墨将州桥老街一隅记录于笔下。老街位处嘉定老城区且历史悠久。听宁同学说，他从小生活在老街，对老街有着深厚的感情。他通过敏锐的观察将老街优美的风景尽收笔下，并且在传统笔墨的取舍之中还巧妙地将江南园林中"借景"的想法融入画面。其作品构思巧妙让人眼前一亮。

在与宁同学的妈妈交流中，得知其从小学习传统文化，并对传统水墨画十分痴迷。他的国画作品上交至区级平台后，经过激烈的角逐，在从区级到市级的评比中过关斩将，最终不负众望获得了市二等奖。这是他在初中阶段斩获的第一个市级荣誉。

在平时的美术课上，凡涉及传统知识的分享与材料的运用时，他总是热心地为大家分享他的学习心得并且全身心地投入美术创作，力争在每一节课画出自己满意的作品。在他的影响下班级里有很多学生都喜欢上了传统文化，就像一朵朵"小花"在传统文化的土壤中生根发芽。我也时常鼓励学生在课余时间能够抽出时间勤耕笔墨，能够在学习与自我学习中了解传统，感受传统文化中对自然生命的感悟，在潜移默化中继承传统文化。

至此，我本以为宁同学是天性使然，是一个活泼且富有想法的孩子，但在和他的妈妈分享他的荣誉和交流中我了解到宁同学幼时也是一个易急躁的孩子。宁同学的妈妈喜欢文学，知道文学有着净化心灵的魅力，所以选择让孩子接触文学和传统文化，让他慢下来，感受古人对待事物的那份从容。宁同学的妈妈回忆他在创作《州桥老街》时不小心在远景的法华塔蹭上一抹浓烈的红色。他突然变得急躁，因为作品没有画出他心目中老街的样子，同时有放弃参加比赛的想法。后来经过妈妈的疏导，他静下心来重拾画笔，最后才为大家呈现这样一幅美景。

我想每一朵"小花"都是独一无二的，宁同学也是如此。他不是与生俱来就热爱传统文化，而是在妈妈的影响下，在学习传统水墨的过程中让他逐渐变得沉稳、安静，虽有时急躁，但也能够在短时间内迅速调整过来。我相信"小花"一定能成长为"大树"。传统文化对学生心灵的滋润不是一蹴而就的，而是像细水长流，静水流深。

让自己成为自己

我曾问学生长大后想成为谁。他们的回答五花八门。我希望他们能先成为自己。作为老师，在他们想要展示自己时，我能做的就是给予机会并给出积极的正向反馈。我相信在美术课堂中对于学生的正向反馈能激发他们在其他学科学习的积极性。这种"肯定"应该是有意义的，而不是不加区别地给予。适当鼓励，学生在得到反馈后能够清晰地认识在努力之后能够成为心中理想之人即可。

闲暇时与其他学科的老师交流时，因为学科限制，很多有着理性的分析与答案，结果往往大于过程，很难做到鼓舞学生。但艺术学科不同，它无疑在学生的学习中扮演着重要的角色，它不仅能够陶冶学生的情操，更能在成长过程中为他们提供自我实现的机会，助力他们走向成功之路。

一次，学校领导询问我是否有初中学生的作品能够作为纪念赠送给体育博物馆的嘉宾。我认为这是一次能让学生表现他们展现他们艺术涵养的机会。在课上我就把这个消息告诉了同学们。课后，有好几位同学主动联系我，他们都想将自己的作品分享出去，但他们更想创作一幅大尺幅的作品，向体育博物馆的嘉宾展现他们的实力。可是，这样大的作品是他们从未有过的挑战，需要他们回家创作。宁同学和贾同学一拍即合，两人搭档准备共同完成一幅大尺寸的水墨作品。他们想要他们的作品被更多人看到。由于平时的学习压力大，他俩就约定在周末进行。两人花费了 8 个小时完成了一幅名为"龙的传人"的水墨作品。一人构思，一人挥墨，其过程艰辛可想而知，但他们坚持了下来。

作品以少年舞龙为原型来表达团队协作、为国争光的体育精神。在与嘉宾交流的那天，他们作为学生代表一同将画作赠予嘉宾并在台上合影留念。过程虽短暂，但他们在台上的笑容无比灿烂，从台上下来的时候，他们和我说："老师，我好激动！好开心！我感觉我的画作能被更多的人看到了！"后来在学校举办的拓展课文艺汇演中，宁同学和其他同学共同表演的《贺岁雅集》赢得了师生们的热烈掌声，在一次次展示自我的机会中，宁同学变得越来越自信，在其他学科的学习中也变得越来越好。

宁同学的故事仅仅是个例。艺术对于学生的影响是悄无声息、深远持久的。艺术能浸润心灵，像是春天里的细雨一般甘甜，回味无穷。诚如宋庆龄先生所说："将最宝贵的东西给予儿童。"在这样的时代，每一个孩子都有闪光点，需要我们去挖掘并且放大，多给予他们机会去展示自己，让花成花，让树成树，让自己成为自己。

用心教育，用爱倾听

陈文洁

少年之心，在最初面对这个世界的时候，就如刚探头的小荷，蓬勃又脆弱。我多么希望这个世界上的所有大人，都能认真地倾听他们，温柔地对待他们。这样，当少年长大以后，他们才能成为更好的大人，而不是一个心肠坚硬、对美好和苦难都无动于衷的人。

用"心"教育

艺术中的裸体一直是美术课堂上难以触碰的"禁忌"。

在一次鉴赏马蒂斯的课中，我播放了关于马蒂斯的介绍视频。一幅《舞蹈》映入大家眼帘。画面中人体舞蹈所形成的构图占据了画面的大部分。班里的大部分小朋友刹那间有些不知所措，气氛尴尬。此时，班级里一个男生突然发出奇怪的噪声，然后开始假装呕吐，一边大声说："呕！这些人怎么都不穿衣服啊！好恶心。"这一系列的动作和言语引得其他学生也都笑出了声，甚至开始起哄。

我立刻暂停视频，整顿了一下纪律，便开始引出我的话题："我刚刚听到有同学说对这样的一幅画面感到恶心。你们看到了什么？""一些人衣服都不穿，就在那里跳舞！"那个男孩抢答。"是啊，首先你能知道这些是人，是不穿衣服的人，证明你见过。"我接着他的话说，"从哪里见过呢？是在家里的镜子里。我们每一个人都照过镜子，大家都见过自己的身体。"男孩露出了有点尴尬的神情，其他同学也都望向他，笑了。"所以这些人的身体和我们是一样的。又或者说，每一个人的身体都长这样。"我故弄玄虚地说，"那为什么马蒂斯不让画面里的人们穿衣服呢？"

同学们开始陷入沉思，并开始悄悄讨论。"遥远的希腊文明认为，人体是世界上最美的事物。后来在很多西方古典作品里，只有神才能不穿衣服。"同学们都露出了惊讶的神情。"所以，未知全貌，我们不能就直接擅自下结论。我们欣赏一幅画，最直接的是我们看到了什么和我们的感受。而更重要的是，我们要回到那个年代去欣赏，探寻画作背后的意义。"

这是我很喜欢的美术课堂，每个人都有表达的权利。对那位小男孩，我没有当众批评他，而是在所有同学面前肯定了他敢于直面自己的感受这一点。虽然这个小插曲让我精心准备的课有所"耽误"，但我并不觉得可惜。课堂中学生的反应是直观的，他们不会有任何的掩藏。可能有些孩子的表达有些乖张，但是也是最真实的。当你用心去倾听孩子的声音时，你不仅能够了解他们的需求和感受，还能让他们感受到被尊重、被理解和被关爱。

作为一位老师，我应该要去读懂他们乖张底色之下的真实心声，然后逐步引导他们如何去表达。艺术很多时候是有冒犯性的，而我想教会孩子们正视自己的感受，更想教会孩子们对任何画、任何事、任何人都不要轻易定性的道理。

用"爱"倾听

在二年级的学生中，小娜个子不高，身材偏瘦，扑闪扑闪的大眼睛显得特别可爱。她很会讨人喜欢，时不时蹦出一些"土味情话"让人招架不住。然而，这样一个可爱的女孩却很容易哭泣，情绪也容易崩溃。一些在我们成年人看来微不足道的小事，却足以让她崩溃大哭。

那天小娜因体育课上的游戏又输了而崩溃。课后我找到她谈话，她情绪低落，不愿意看我。于是我递给她铅画纸和绘画材料，让她把自己体育课上的心路历程画下来。我知道小娜很喜欢画画，用这种方式表达心情不仅可以让她更纯粹直接地表达自己，还能帮助她平复情绪。

过了两个课间，小娜拿着画来找我，"陈老师，我画完了，你看一下。"只见她把那节体育课的"争端"画了出来。没等我问，她便开始解说。从开始的兴奋到难过、一蹶不振，整个故事被她解说得生动又富有感情。

听完整个故事后我大概了解了事件的原委，我问她："小娜，那除了你输以外，还有别人输吗？""我不记得了，好像还有很多。"她这样回答我。"你看，只有自己才会记得自己的失误。"感觉小娜怔了怔，我接着说："不要在意他人的眼光，要关注自己。还有很多人也输了，但他们并没有大哭大闹，难道他们不想赢吗？"

小娜轻轻地摇了摇头，告诉我，其实快要完成的时候，她就已经不难过了。她指了指画面上亮黄色的部分，告诉我她最喜欢自己画的这一幅画，是一开始和朋友们玩耍的场景。她的身边围绕着好多朋友，直到最后一个深蓝色的画面中，只剩下她一个人了。

我为之动容，从一幅画中可以读懂的情绪太多，其中色彩是最直观表达心情的体现。小娜通过绘画，学会正视自己的负面情绪。我收藏了她的后三张画，并把第一张亮黄色的留在了她身边，希望她今后可以更快乐。而后三张负面的情绪并不代表要丢弃，而是希望她之后遇到消化不了的负面情绪，欢迎来向我倾诉。如今，小娜的进步非常明显，尤其是在情绪管理上，她很少大哭大闹，遇到问题也能主动与老师和同学沟通。我看到孩子脸上的笑容越来越多，她更加信任我，也更愿意听进我的话，对班集体的关心也更多了。

用爱倾听，展现了对生命的敬畏。每个孩子都很独特且拥有无限潜力。作为教师，我们应深入观察、了解每个孩子，发掘其闪光点，以因材施教的方式帮助他们实现自我价值。这不仅是教育的技巧，更是一种以爱的视角审视孩子的哲学，即要求我们摒弃偏见，全心感受孩子的情感和需求。

以大爱点亮学生心中的灯

徐洲震

宋庆龄先生说过："知识是从刻苦劳动中得来的，任何成就都是刻苦劳动的结果。"这句话深刻诠释了求知的真谛。在追求知识的道路上，刻苦劳动至关重要。我时常将这句名言铭记在心。作为教师，我的职责不仅在于传授知识，更在于用无私的爱心和不懈的努力，去点燃每一个学生心中的求知之火，启迪他们的智慧之光。

挑战与超越：200 米长跑中的华丽蜕变

在教学实践中，我始终深信体育活动的力量，它不仅能锻炼学生的体魄，更能磨炼他们的意志，培养其坚韧不拔的毅力。我坚信，每一位学生都是一块未经雕琢的璞玉，他们的内心蕴藏着无限的潜力和无尽的可能。

上学期秋季田径运动会上的 200 米长跑比赛，便是一个生动的例证。它见证了学生们如何挑战自我、超越自我的精神风貌。在筹备比赛的过程中，我特别注意到了小鹏。他虽然平时对体育并不热衷，但我深知他内心有一股不服输的劲头。我主动与他沟通，鼓励他勇敢地尝试，并推荐他参加 200 米长跑。起初，他犹豫不决，眼神中透露出对未知的恐惧和对自己的不确定。我语重心长地告诉他："知识是从刻苦劳动中得来的，体育成绩也是如此。你要敢于挑战自己，才能发掘自己隐藏的潜力，看到不一样的自己。"

听了我的话，他决定给自己一个机会，尝试一下。在接下来的训练中，他付出了前所未有的努力。每当他疲惫不堪，几乎要放弃的时候，我总是陪伴在他的身边，为他加油打气，用话语和行动给他最大的支持。

某个烈日当空的午后，小鹏在操场上进行冲刺练习。阳光炙烤着每一寸土地，仿佛要将所有的力量都榨干。他的双腿像灌了铅一样沉重，每一次呼吸都变得异常艰难，仿佛身体已经到达极限。此时，我递上一瓶清凉的水，并轻声鼓励他坚持下去。受到鼓舞的小鹏，重新振作起精神，咬紧牙关，最终冲过了终点线。这次经历让他深刻体会到自我挑战与超越的成就感，那是一种无法用言语表达的喜悦和满足。

终于，在比赛当天，小鹏以出色的表现完成了 200 米长跑。更重要的是他成功地挑战并超越了自己，实现了从犹豫到坚定的华丽蜕变。这一刻，我为他感到骄傲，也为自己的使命感到深深的荣幸。

舞动与绽放：健美操课程中的自信重塑

在我的班级里，小芸曾因身体协调性不佳而对健美操心存畏惧，其自卑感如影随形。初入健美操课堂时，她总是小心翼翼地尾随在队伍之后，仿佛害怕自己的每一个不协调动作都会成为他人的笑料。我敏锐地捕捉到她眼中的那份不安，决定给她更多的关注与支持。

在一次练习中，小芸面对一个复杂的组合动作屡屡受挫，眼眶里不禁泛起了泪光。我轻轻地走到她身边，告诉她："健美操不仅仅是一种运动技能，更是一个展示自我、重塑自信的过程。勇于尝试、挑战自己，才能在这片舞台上绽放属于你的光彩。"在我的耐心指导下，小芸逐渐找到了节奏和感觉，她的动作开始变得愈发协调、优美。每当她成功完成一个复杂的动作或组合时，我都会毫不吝啬地给她肯定和赞美。最终，在我的鼓励和引导下，小芸逐渐走出自卑的阴影。她的每一次转身、每一个跳跃都充满了自信与魅力。她仿佛在用舞蹈诉说着自己的成长与蜕变。

小芸的转变让我体会到，教师的职责不仅仅是传授知识或技能，更重要的是关注学生的内心世界，帮助他们重塑自信、找回自我。因为在这个过程中，我们不仅仅是在教授一门课程，更是在为学生的未来播下一颗自信的种子，让他们在人生的舞台上勇敢地绽放自己的光彩。

用大爱点亮学生心中的求知之火

宋庆龄先生曾说："以无私的爱心和不懈的努力去点燃每一个学生心中的求知之火。"无论是田径场还是健美操课堂，都是我们践行"大爱"教师精神的舞台。

在未来的教育生涯中，我将继续以"大爱"为指引，激发学生的潜能和热情，引领他们走向更加广阔的舞台。同时，我将持续地反思并提升自己的教育理念与教学方法，竭尽所能为学生的全面发展及终身幸福贡献自己的一份力量。

我坚信，只要我们用心去教、用爱去育，就能在学生心中种下希望的种子，让它们在未来的日子里生根发芽，茁壮成长。最终，这些种子将汇聚成一片茂密的森林，为这个世界带来更多的绿意与生机。教师的最大幸福莫过于见证并参与这一场场生命奇迹的发生，与学生们一同成长。

大爱下的"小小科学家"

周佳怡

"人性中最深切的禀质，是被人赏识的渴望。"对于低龄学生而言，这种渴望被赞美、被认同的心理需求尤为强烈。在教育的道路上，我发现让这群小精灵们维持良好学习状态的一大法宝，便是那及时而恰到好处的夸赞。

当我初次踏入小学一年级的教室，面对那些稚嫩的面孔，我的心中充满了迷茫和不知所措。孩子们或静坐或嬉闹，有的班级秩序井然，孩子们在课堂上全神贯注，仿佛每一个字、每一个知识点都能吸引他们的全部注意力。然而，另一个班级的气氛则截然不同，那里的孩子们如同小麻雀一般活跃，课堂秩序似乎总是难以掌控。正是这个充满挑战的班级，孕育出了一群被称为"小小科学家"的孩子。

"小小科学家"们总是充满了活力和好奇心。他们的思维活跃，知识面出人意料地广泛。每当谈及某个科学话题时，他们总能滔滔不绝，分享着许多令人惊奇的知识。这种热情和好奇心在课堂上有时却成了一把双刃剑。尽管我时常尝试中断他们的讨论，希望他们能回到课本和教学内容上来，但这些小家伙们似乎总有说不完的话题和想法。

最初，我试图用严肃的神态和语气来维护课堂秩序，希望他们能够安静下来，专注于学习。这种方法的效果并不持久，他们或许能短暂地安静下来，但不久便又恢复到了原来的状态。我开始反思，是不是我的方法有误？后来，我尝试改变策略，开始寻找他们身上的闪光点，并及时给予赞美和鼓励。每当他们表现优秀或有进步时，我都不吝赞赏。我甚至从他们中间选拔了几位进步明显的孩子，让他们担任课代表，成为课堂的小助手。渐渐地，我发现这种方法的效果出乎意料地好。

以小瞿同学为例。他之前是一个课堂纪律较差的孩子，坐姿不端、随意插话、擅自离座等问题时有发生。每当我发现他有一点点改变和进步，都会及时给他肯定和鼓励。随着时间的推移，他的学习状态逐渐步入正轨，课堂上已经很少出现纪律问题。有时他偶尔走神，但只要我一个眼神提醒，他便能迅速调整状态，重新投入学习。这一转变让我深刻体会到，孩子们的心中其实充满了自尊心和上进心。他们渴望得到老师的认可和赞美。这种正面的激励能够极大地激发他们的学习热情和自律能力。我们要坚信每一个孩子都有改变和进步的可能，并且我们的每一次帮助和鼓励都能对他们产生积极且深远的影响。

现在，我不用操心班级纪律。课代表们会自发地关注课堂氛围，及时提醒同学们集中注意力。为了进一步巩固这种良好的学习氛围，我还与孩子们共同商定了一个小小的奖励机制：每节课若能保持良好的课堂纪律，便能解锁一个有趣的科普小实验作为课后延伸活动。而若有同学能连续三节课保持显著进步，他将有机会获得"小小科学家"的称号，并担任一个月的课代表。这一机制的实施让孩子们更加珍惜每一次学习机会，他们开始互相提醒、互相帮助，共同为了营造一个更好的学习氛围而努力。

每当下课铃声响起时，总有孩子迫不及待地跑到我面前询问："老师，我这节课表现得怎么样？我有进步吗？下次能不能选我当'小小科学家'？"看着他们那渴望的眼神和纯真的笑容，我深感自己的责任重大和使命光荣。

我们要用心去发现每一个孩子的闪光点和进步之处，并给予充分的肯定和赞赏。因为满足孩子们那种被表扬、被认同的心理需求将会让他们回馈给我们更加优异的学习表现和成长历程。

爱的交响曲

　　看完这些故事，您是否在某个瞬间找到了共鸣？是否在某个故事中看到了自己的影子？是否在某个观点上产生了新的思考？我们诚挚地邀请您，将这些感触和感想表达出来，与我们一起分享。

第三章
爱之共生，师生共进

在对学生进行爱的教育过程中，教师们追寻的不仅是学生的进步，更是自我与学生的共同成长。他们以无私的爱心深深滋润着每个学生的心田。同时，教师们也在不断地自我修炼与提升。他们以卓越的智慧丰富自己的内心世界，以高尚的德行潜移默化地感染并引领着学生前行。这种深入骨髓的教育互动与心灵的交融，不仅让学生在爱的阳光下得以茁壮成长、开花结果，而且让教师在育人的旅程中收获了无比宝贵的精神财富。正是在这种爱的教育中，教师与学生相互润泽、共同成长。

以爱为底色，让教育成为幸福美丽的遇见

李 妍

教育需要深思熟虑、小心翼翼地触击孩子稚嫩的心灵。在这个时候，谁有细致和耐心，谁就能获得成功。

"雷阵雨"转"晴"

"我不知道……我不知道！"

这声如雷鸣般的哭喊，出乎我的预料。

2023年，已有13年中学教育经验的我，在宋嘉迎来了人生中第一次小学教育（二年级）经历。那令人心痛的哭声，来自我们班发育有些迟缓的小小。她的行动总是带着一种急促感，她的声音总是比别的孩子更加生硬和响亮，她的眼神中总是闪烁着躲闪……她总是能让人一眼就看出她与别人的不同。

那是她第一次没能在课堂上回答出问题，她便无法控制地哭泣与叫喊起来。班里的孩子们在正、副班主任的引导下，都展现出了极大的包容与接纳。在那一刻，我递给她一张纸巾，轻轻地抚摸着她的背，安慰道："没事，没事。不是每一次回答都必须是正确的，也不是每一次提问都一定有答案。下一次，我们再尝试！"虽然她的哭声并未立即止住，但我能感受到她的气息在慢慢地平稳下来。

在那之后，我每次见到她都会以微笑打招呼，并给她一个温暖的拥抱。渐渐地，她的防备心开始放下。

在线上教学时，我同时登录两台设备，每一节课都邀请她回答问题，并不断地通过屏幕夸赞小小的专注与认真。在一次次的互动中，我越来越多地看到了她的微笑。

回到学校时，小小对数学学习的胆怯开始减少，自信逐渐增强，数学学业水平也开始呈现上升趋势……每到节假日，我都能在钉钉上收到小小温暖的祝福。

教师的一抹微笑、一个拥抱、一次鼓励，都如蜜糖般甜美，如温暖的爱意，用行动悄悄地换取了孩子的信任，轻柔地推动着一棵棵"小树苗"茁壮成长，成为他们成长的加速器。

走向"四季如春"

2024 年，我重返中学的讲台。那一年的小学教育经历为我重启中学教育注入了新的活力。它让我更能理解刚步入中学的六年级孩子在学习方式、学习习惯、学习能力上与七年级学生的差异。这使得我更愿意并且能够弯下腰、蹲下身去倾听并包容他们的"不一样"。

那个总是以异样课堂行为来学习、以刁钻语言来沟通的小泽进入了我的视线。由于班级的座位每周都在变动，我调整策略，让小泽担任了数学课组长。这一小小的班级职务变动让我发现了他在数学学习上的变化以及在其他学科中的问题。

拥有多年家庭教育指导经历的我敏锐地察觉到——这孩子的家庭教育可能存在问题。于是，在第二次的家长会上，我单独约见了小泽的妈妈。经过这次交流，我们共同确认了"二孩家庭可能对大孩的成长带来一定的负面影响"这一观点。在对小泽的母亲进行了家庭教育指导后，我给出了以下建议：帮助小泽的爸爸改变教育方式，发现孩子的闪光点，用肯定的态度来唤醒孩子的成长内驱力。每个家庭成员都要做到"一碗水端平"，给予两个孩子同等的关注。做好家校协同育人工作，与教师教育方向保持一致。

在那之后，我和家长借助"数学课组长"这一职务，不断对小泽委以重任，让他帮助同学，并持续给予正向反馈。渐渐地，他的数学稳步进步，并一度成为全班第一。

在青春期成长的过程中，孩子可能会逐渐与父母疏远。他们可能根据已有的认知开始给家长的行为"贴标签"，也可能开始用自己的行为去证明"我已经长大"。在这个关键时刻，身为他们的良师益友兼校内"家长"，我们需要更加细致地观察他们的变化。在实施"大爱教育"为孩子赋能时，首先要提升自我能力，练就一双智慧之眼，拥有一颗敏锐的心灵和一系列专业的教育技能。这样才能在孩子需要的时候"对症下药"，帮助他们成长，让教育成为幸福而美丽的相遇。

爱，成就更好的你

钟　丽

著名的教育家马卡连柯曾说："爱是教育的基础，没有爱就没有教育。"爱能激发学生内在的潜能，塑造身心健康的孩子。它是教育的基石，是教师授课的源泉。有了爱，便有了教育的一切。

以爱和耐心静待花开

每个孩子都是独一无二的。以班级中的王同学为例。她上课听讲十分认真，但每当老师邀请她分享自己的想法时，她却总是羞涩地低下头，仿佛要将自己藏进桌洞里。课后，她虽然积极练习，但正确率并不高，家庭作业也常留空白。初次与她交谈时，她显得拘谨而沉默。然而，在经过多次真诚的交流后，她感受到了老师的关心和鼓励，逐渐打开了心扉。她坦言，自己非常在意同学们的看法，因为不确定自己的想法是否正确，所以害怕在课堂上回答问题。她也渴望把作业做得完美，但做题慢，遇到难题时也不敢寻求帮助。

了解到这些情况后，我发现王同学的学习态度十分端正，其面临的主要问题是如何克服心理压力，勇敢地表达自己的想法。我鼓励她，即使想法不完美，也要敢于表达，因为表达的过程有助于思维的拓展和想法的成熟。从那以后，我会根据她的能力，分配一些简单的任务给她。在完成任务的过程中，她逐渐积累了信心，上课时开始主动举手回答问题了。虽然次数不多，但已经能看到她的明显进步。王同学作业的正确率也在逐步提高，遇到不懂的问题她也敢于向老师和同学请教了。

每个孩子都是一朵花，有的花期长，有的花期短。对于那些"慢热"的孩子，我们需要给他们足够的时间和空间去成长。教师要做的就是信任他们，等待他们开花结果。教师是学生学习的引领者、组织者和合作者。我们应该尊重学生的个人权益，保护学生的身心健康。每个孩子都是独一无二的个体，我们不能用同样的标准去要求每一个孩子，要根据孩子的自身情况和不同需求给予不同形式的爱和关怀，以静待每一朵花的绽放。

以激励点燃学习的火花

在班级中，张同学曾是那种总喜欢在课堂上埋头读课外书的学生。他的课本下经常藏着各种引人入胜的读物。每当我在讲台上讲解新知识时，他总是心不在焉地翻动着那些书，仿佛课外书才是他的精神寄托。课后，当其他同学都在努力完成作业、巩固所学内容时，张同学的作业本上却常常是大片的空白。

有一天，我注意到张同学在课后偷偷拿着自己的作业单，面色凝重地走向垃圾桶。我猜到了他的意图，迅速走过去询问。他显得有些惊慌，手中紧紧攥着作业单。经过耐心的沟通，我得知他因为觉得自己作业的正确率太低，感到羞愧和沮丧，所以想要销毁它。

在深入了解张同学的情况后，我发现他对课外知识有着近乎痴迷的热爱。每当谈及这些话题，他的眼中都会闪烁出兴奋的光芒，而且能够清晰、有条理地将这些知识分享给其他同学。他的这种能力让我看到了他潜在的优点。于是，在一次课后，我特意找到张同学，对他这种挖掘和梳理知识的能力表示高度的肯定。我鼓励他把这种能力运用到课堂学习上，就一定会取得更好的成绩。他听后默然许久，然后点了点头，眼中流露出坚定的神色。

在接下来的日子里，我多次找机会与他交流，不断激励他。渐渐地，我发现他对学习的态度有了明显的转变。他开始主动参与课堂讨论，积极回答问题，课后也更愿意花时间去完成作业了。

虽然张同学的学业成绩仍然有所起伏，但他已经开始对学习产生了浓厚的兴趣。这是非常宝贵的进步。因为兴趣是孩子持续学习和进步的不竭动力。只有当他们真正对学习产生兴趣，才能够独立地探索更高更远的领域，实现自我成长和超越。

教师需要有一双敏锐的眼睛去发现和放大学生的闪光点，让学生在教师的欣赏中愉快地接受教育，并保持进步的动力。每个孩子都是独一无二的瑰宝，无论他们的背景、能力或表现如何都应该得到深深的爱与尊重。爱与尊重是孩子们成长的阳光和雨露。我们需要敏锐地捕捉孩子的情绪变化并竭尽全力地促进他们的身心全面、健康发展。让每个孩子都感受这份温暖和关怀，他们才能茁壮成长，成为更好的自己。

心与心的碰撞

党志艳

教育学家陶行知曾经说过："真教育是心心相印的活动，唯独从心灵出发，才能打动心灵。"每位学生都是独一无二的个体。他们真挚而热情，率性而不羁。教育模式不会"一刀切"。师生相处也不存在"绝对模板"。与每个同学，每一次的相处都是心灵的碰撞。

我是权威

在踏入教育领域的第二年，我有幸成为一名新手班主任。凭我从小对班主任的印象，我认为严厉是班主任的共同特点。因此，我也自然地扮演了这种权威角色，开启了我的班主任生涯。

在我的班级中有位特别的学生——小陈同学。在他出生前其父母就已离异。他从小与母亲和大一岁的哥哥相依为命。他热爱阅读武侠小说，课间则喜欢打羽毛球。除此之外，他似乎难以找到其他兴趣爱好。最初，我尝试与他沟通时，他只是口头上答应改变，行动上却毫无进展。于是，我考虑是否需要运用"权威"进行管理。每当他在课堂上被老师投诉或不专心时，我会要求他课后留下继续学习。然而，这种做法让小陈同学反应激烈，他要么低头不语，要么课后大声喊叫，甚至在走廊上打滚。一段时间的较量让我倍感压力。无奈之下，我只能联系他的母亲。出乎意料的是，在母亲面前，小陈表现得非常乖巧，不仅不乱发脾气，还认真倾听建议和要求。但好景不长，一周后，他又会故技重演。如此循环往复。后来，我求助心理老师，逐渐理解了小陈的心理。由于哥哥在各方面都比他优秀，母亲的注意力大多集中在哥哥身上。因此，小陈只有通过"不听话"才能引起母亲的关注，让她来学校接他、看他。他渴望得到母亲和老师的偏爱。作为新手班主任，我的过于严厉的要求会导致他选择通过任性和耍赖的方式来寻求关注。

然而，对于小陈同学来说，他更渴望的是理解和关注。他希望母亲或老师能够将他放在心上，发现并理解他的需求。而我的"权威"管理方式恰恰忽视了他的内心世界。教育理论和方法虽然能帮助我们新教师上路，但要想真正做到有的放矢，关键还在于走进学生的内心。

我是伙伴

外出实践活动是同学们进入初中的第一次集体外出活动，也是我第一次与他们一同外出。这次活动真正打破了我与这些孩子们之间的隔阂。

在车墩影视基地，学生们参观了电影拍摄场地，了解了相关历史。将课堂移至教室之外这种新颖的学习方式本身就激发了学生们的兴趣。集体外出活动更是提高了他们的积极性。虽然历史并非我的专长，但我仍按部就班地引导着学生们进行参观。马车的出现带来了新的转机。他们好奇地看着来回穿梭的马车，并小心翼翼地询问价格。在他们午饭休息期间，我特意去询问了马车师傅关于安全和路线的问题，以确保我们能够一起乘坐马车。我想我会永远记住他们乘坐马车时的开心表情和模样。那一刻，他们觉得我理解他们、满足他们的愿望。在那一刻，我不仅是他们的老师，更是他们的伙伴。这次"破冰"活动的效应远不止于当下。学生们偶然在课间见到我会开心地打招呼，在进行"导师选择"时，我们会毫不犹豫地双向奔赴，只因为我懂他们。

短暂的马车之旅和几分钟的车程成功地让我走近学生。学生们是单纯的，他们会因为不好意思麻烦他人而小心翼翼、不愿开口；学生们是纯粹的，他们会因为你小小的举动而感到温暖，并不断给予正面反馈；学生们是真挚的，教师的谆谆教导会换来他们日常的关心和惦念。

"教育是智慧与智慧的启迪，教育是思维与思维的碰撞，教育是心灵与心灵的沟通，教育是生命与生命的对话。"教育的过程是师生之间相互影响、相互成就的过程。而真心与真心的碰撞是一切羁绊、默契、尊重和成全的开始。让我们从心出发，向学生的心灵靠近！

爱是教育的别名，是教育的灵魂

吴大政

宋庆龄先生曾经说过："爱孩子，是人之常情。但怎样的爱法才是真正的爱？这是很值得研究的道理。"对于肩负着培养新时代中华民族伟大复兴重任的青少年的教师而言，我们更要慎重思考如何才能给孩子真正的爱。

"小白鸽卫士"的使命

儿童是我们的未来，因为未来的世界属于儿童。我们教育工作者要坚持把服务中华民族伟大复兴作为教育的重要使命，关键是要培养担当民族复兴大任的时代新人——以民族复兴为己任，以构建人类命运共同体为使命归宿，具有现代眼光、全球意识，有理想、有本领、有担当的青少年。

为了关爱并帮助"学困生"，着手解决教育一线的实际问题，我们以学校教师团队为核心，从宋庆龄奶奶喜爱的白鸽中汲取灵感——白鸽是和平、友爱、奉献和团结的象征。我们成立了"小白鸽卫士"志愿者团。该团体通过组织丰富多彩的志愿服务活动，由大队委和班级优秀学生带头，言传身教，以身作则，与那些令班主任们头疼的"学困生"共同训练、共同参与校园公益志愿服务、午休检查、课外实践等活动。我们的目的是帮助儿童规范自身行为，养成受益一生的良好习惯，并培养他们的集体主义意识以及奉献、友爱、互助、进步的志愿者精神。

通过这些活动，"小白鸽卫士"将深刻认识到养成好习惯和参与公益志愿服务的意义。我们期望树立良好的"小白鸽卫士"形象，以点带面，全面引导学生形成规范的行为习惯和互帮互助、奉献担当的志愿者精神。

小吴变形记

在"小白鸽卫士"团队里，有一位四年级的小吴同学。在课堂上，他注意力不集中，常做小动作，随心所欲。即便老师多次指出，他始终不改。在课堂外，他缺乏安全意识，常做危险动作，课间还带着其他同学一起做危险游戏。在队伍中，他喜欢表现得与众不同，常常东张西望，且做事缺乏毅力。经过"小白鸽"行为分析，我们了解到小吴是家中独子，深受母亲宠爱。而他的父亲则认为孩子活泼好动、爱玩是天性，对此表示支持。虽然母亲会尝试管教，但常感力不从心。小吴的父母支持和理解他的喜好，他从小便在俱乐部踢球，环境相对自由散漫，导致其好胜心和表现欲过强。

要改变小吴的行为习惯，需要从教育环境和家庭环境两方面入手。小吴在课堂上的表现波动较大，如果是他喜爱的足球项目，他便表现得非常开心和兴奋，积极参与；但遇到其他项目，他便会捣乱，经常会钻到课桌下"为所欲为"，影响其他同学，打乱老师的上课节奏。为此，我们从侧面入手，让他担任全校午休检查员这一岗位。在布置午休检查任务之前，我问他："你认为如何才能做一名优秀的校园午休检查员？"小吴回答说："要以身作则，午休时候不能做小动作，遵守学校规章制度。"我问他："那你能不能做到？"他大声回答说："能！"我说："好，那我就把学校午休检查员的重任交给你，如果没有做到，我要给其他优秀的'小白鸽'来担任。"自从他担任午休检查员之后，他简直是变了一个人。有一次面临有的班级午休吵闹，他问我怎么办。我说："你可以记录下来，每周五红领巾广播站会来通报，这样班主任就会来管理。"小吴同学自从担任全校午休检查员后，体验到了管理者的不易。有了这样的同理心，他学会了换角度看问题。从此，他之前在课堂上出现的问题发生了明显的改变。在"小白鸽"志愿者培训中，我们注重思想引导，让小吴带头朗读"小白鸽"卫士守则，从思想层面引导他改变。此外，我们安排他担任路队小组长，培养他的团队协作精神。

经过一个月的系统训练，我们欣喜地发现，小吴在课间的打闹行为已有所改善。他不再做危险动作，并开始学会在团队中团结协作。在课堂上，他学会了与老师配合、与同学互助。他逐渐明白，体育课不仅仅是足球项目，还有许多其他有趣的项目值得他去探索。现在，他能够更积极地投入其他项目，上课时的注意力也更加集中，危险动作明显减少。

爱是教育的灵魂，是教育的别名。没有爱，就没有教育。对于将肩负中华民族伟大复兴大任的新一代，我们要坚持大爱教育，运用正面引导、启发、说服、鼓励等方法进行长期的、反复的教育工作，用生动的事实对他们讲道理、树立榜样，帮助他们明辨是非，找到行为的标准。我坚信，慈爱是教育，严厉也是教育；宽容是教育，锤炼也是教育；帮扶是教育，鼓励也是教育。经过一年多时间的实践，我们"小白鸽"卫士团的带教老师不放弃任何一名学生，让各班班主任头疼的"学困生"变成了一名名优秀的"小白鸽"，发生了可喜的变化，让我们对大爱教育的使命含义有着更为深刻的理解。

以爱之名，浇灌花朵

张晓雯

教育是充满爱的事业。我们教师仅仅有责任心是远远不够的，还需要关心爱护每一个学生，教导他们学会去爱——爱自己、爱家人、爱朋友、爱所有需要关爱的人。这种爱的教育，不仅能够培养出人格更加健全的人，更能为社会注入一股温暖的力量。

特殊学生的转变

在刚接手一个新班级的时候，我遇到了一位特殊学生。初次踏入那个班级，一个尖锐而略带不满的声音就响了起来："你是谁？你来我们班干什么？"语速之快，让人几乎跟不上她的节奏。然而，那双闪烁着机灵光芒的眼睛，却让我对她产生了浓厚的兴趣。

通过与班主任的深入交流，我了解到她的家庭情况颇为特殊：妈妈刚刚生下了二胎，全家人的注意力都集中在了那个新生命上，而她在某种程度上被忽视了。这种忽视，或许就是她在班级里频繁出现反常行为的原因：偷拿别人的东西、画一些奇怪的画、上课心不在焉……只为吸引别人的注意。

有一次，我抓住了一个偶然的机会，问她："你喜欢你刚出生的小妹妹吗？"我本以为这个孩子的回答会是消极的，但她的回答却让我大吃一惊："张老师，我喜欢妹妹，妹妹很可爱。她出生以后，爸爸妈妈确实没有时间陪我，但是他们也没办法，妹妹需要人照顾。"她明白大人的辛苦，只是缺少了一点关爱。于是，我决定用我的方式去帮助她。

在此后的教学生活中，我特意让她多回答问题，即使每个问题都很简单。而每次她回答之后，我都会当众给她极大的表扬。从她那逐渐变得自信的表情中，我看到孩子内心里的骄傲和满足。自那时起，这个孩子对语文产生了浓厚的兴趣。她喜欢和我谈话，甚至是以朋友的身份和我交流。看着她一步步走出阴霾，我深感欣慰。这就是我作为一名教师的骄傲和幸福。

教育的力量与责任

其实，当一个学生表现出不听话的一面时，教师往往会忍不住批评他们。但这样的效果往往并不理想，有时甚至可能适得其反。因为孩子们都有自己独特的思想和情感世界。教师首先得走进他们的内心，选择恰当的教学方法，激发学生对所学知识的浓厚兴趣。这样，教育工作才能事半功倍，取得更加显著的效果。

"同学，已经过了看书时间了，现在你应该回去午睡了。"这是我跟他的第一次对话，他用一种不屑的眼光和无动于衷的身体语言回复了我。刚要与他再次交谈时，另一位同学说："老师，你别管他。他就这样，回去也是扰乱班级。他不学习的。"缘分使然，我来到他所在的班级教授语文。和他对视的第一眼，又是那种挑衅的目光。两年的教学经验告诉我，我应该找到和这个孩子除了学习之外的共同的沟通点，即先让他接受我。私下里，我查询了他所有借书的书目并进行归类，观察他在其他学科的课堂表现。

一次公开课前，我叮嘱学生要踊跃举手回答问题，不要紧张。我特别留意了他。公开课进行得很顺利，学生们都表现得非常积极，他竟然也举起了手。我略带惊讶地叫了他的名字，他站起来，声音虽然有些颤抖，但还是清晰地回答了我的问题。他的回答并不完美，但我能看出他为此付出了努力。我给了他鼓励和肯定，并引导全班同学为他鼓掌。那一刻，他的脸上露出了久违的笑容。

第二天早上，我发现我的桌子上多了一颗柠檬糖。课间时，他走到我的面前，害羞地对我说："给你的。"他的那种笑容是我从来没有在他的脸上看到过。闲暇时，我经常和他聊他喜欢的书和电影。课上我会尽量给他展示自己的机会，然后加以鼓励。一个学期下来，我再也没有看到他那种不屑的目光，取而代之的，是像阳光般的笑容。

虽然我的教龄不长，经验也不足，但我深知一点：与孩子沟通时，少一点严厉与批评，蹲下来，站在孩子的视角，像朋友一样平等地与他们进行沟通，走进他们的内心世界。我想，这才是大爱教育，也是我一生奉行的教育理念。

教育不仅仅是传授知识，更是心灵的触碰与成长的陪伴。通过理解和尊重每一个独特的个体，激发他们内在的潜能，帮助他们成长为自信、有爱、有担当的人。这就是我所追求的教育真谛，也是我作为一名教师的最大幸福与成就。

潜心育人，静待花开

刘梦蝶

鲁迅先生有句名言："教育是植根于爱的。"只有当教师内心充满爱，才会对学生抱有充分的信心和无尽的爱心，也才能激发出追求卓越和创新的精神。爱是相互的。我始终怀揣着这份爱心，用赞赏的视角去关注每一位学生。同样，也正因为这份爱，让那些纯真无邪的孩子们学会了如何去爱，如何去回报爱。

理解

在我的印象中，小辰同学是一个活泼好动、自律性不足的孩子。他常常自言自语，无论周围是否有同学在听。小辰头脑聪明，但上课时常常无法自控，不是敲桌子就是踢脚。每当老师提醒他回到座位时，他总会大声哭闹，严重影响了周围同学的学习和生活。小辰的情绪不稳定且易怒。对于老师的善意提醒或批评教育，他往往不能接受。我曾尝试在课余时间与他交谈，虽然他每次都答应改正，但转眼间又会控制不住自己的行为。

后来，我联系了他的家长，才了解到小辰患有感统失调症。这也是他多动和情绪控制能力较差的原因。为了让他在班级中感到更加舒适，我开始指导孩子们如何有逻辑地表达自己的观点，并经常走到他身边低声询问他的感受。我教他如何逐渐适应集体生活，并引导他养成积极回答问题的好习惯。尽管他可能还无法像其他同学那样严格遵守纪律，但与以往相比，他已经取得了非常大的进步。

表扬

我记得有一次课间休息时，班里的一名小干部突然抬起头对我说："小辰最近进步很大，很少再发出声音了，真的超级棒！"这让我意识到，也许小辰比其他学生更加渴望得到老师的表扬。我决定在今后的教育中调整方式，为他创造展示优点的机会，帮助他从适应到融入集体。

从那以后，在课堂上，只要看到他认真听讲或积极回答问题，我都会立刻给予表扬。我发现他的内心充满了好奇，阅读了大量书籍。有时他和同学闲聊时，也会分享一些有趣的知识。每当他问我一些问题或展示他新学到的知识时，我都会耐心地倾听并与他探讨，还会夸赞他"真厉害"，询问他是"从哪里了解到这么有深度的知识的"。他总是骄傲地笑一笑，告诉我"书上都有哦"。因为他在班里的好朋友不多，所以我特意安排了知识面同样广博的小希同学多与他分享和探讨新奇的知识。现在，他们已经成为好朋友，还组成了一个小学习团队。我注意到班里有些孩子对小辰抱有偏见，于是在上课时，我会给孩子们两三分钟的时间互相夸赞对方的优点，培养孩子们发现他人优点的能力，让每个孩子在渴望得到同伴赞赏的同时，对自己提出更高的要求。

有一次，当同学夸赞小辰时，他睁大眼睛，简直不敢相信竟然会有同学表扬自己。我也借机大力表扬他，帮助他在同学心中逐渐树立起良好的形象。经过一段时间的观察，我发现他在课堂表现、同学相处等方面都取得了明显的进步。然而，想要在短时间内彻底改掉所有坏习惯是不太现实的。我并不感到灰心。我知道，这个孩子需要时间慢慢磨炼，也需要我们付出更多的耐心。

"爱"是教育好学生的前提。如果一味地强调孩子的缺点和不足，只会加剧矛盾。家长和老师应该形成统一战线，共同为孩子提供帮助。同伴的互助和友情的感化也是至关重要的。这不仅能促进同学间的情感交流，还能对"问题生"的转化产生积极的推动作用。每个学生的实际情况都是独一无二的。这就要求班主任深入了解学生的行为、习惯、爱好以及落后的原因，制定切实可行的对策，逐渐唤起学生的自信心和进取心，使他们慢慢接受自己并努力改正缺点。

我们应该以赏识的眼光和心态去看待每一个孩子，善于发现他们身上的闪光点。正是由于老师的信任、尊重、理解、激励和宽容，才能让孩子们重新找回自信。在未来的教育道路上，我还需要继续学习和努力！

春雨绵绵润花朵

张经霞

有一种无声而强大的力量，它如同冬日的暖阳，温柔地呵护着学生的成长；又似沙漠中的清泉，源源不断地激发学生的进取心。这便是爱的教育。它不仅仅是一种理念，更是一种实践。我们怀揣着这份重要的责任，心怀对教育事业的无尽热爱，用爱浇灌着祖国的花朵，期待着他们在未来绽放绚烂的光彩。

爱的阳光，点亮希望的精灵

冰心老师说过："有了爱，便有了一切。有了爱，才有了教育的先机。"

在我担任三年级学生的生活导师期间，遇到了一个活泼好动、个性鲜明的孩子小 C。他思维敏捷，但在一些行为上存在问题：自控力较差，尤其是受到一点批评就赌气。我逐渐意识到，简单的批评与指责无法从根本上解决问题。后来，我尝试着成为他的朋友，走进他的世界。

在课间休息时，我们常坐在一起，探讨他感兴趣的话题，分享彼此的生活。我发现，当他感受到被尊重和理解时，更愿意敞开心扉，接受我的引导和建议。当注意到他对信息课格外感兴趣时，我便鼓励他展示自己的才能。有一次在课堂上讨论电子小报时，他制作的以西北为主题的电子小报颇具特色，我便让他向全班展示。课后他告诉我自己提前预习并做了功课。我对他说："如果你能更加规范自己的行为，老师和同学们会更加欣赏你。"

有一次，他自告奋勇想做一次小组长。我答应给他一次机会。他做得认真、细致又负责。经过一段时间的努力，他获得了同学们的广泛认可。

从一开始的调皮捣蛋到后来的逐渐进步，我亲眼见证了一个孩子的成长过程。这恰恰印证了一句话："如果一个孩子生活在批评中，他就学会了谴责；如果一个孩子生活在鼓励中，他就学会了自信；如果一个孩子生活在认可中，他就学会了自爱。"孩子，作为祖国的未来，是我们共同呵护的小小花朵。我们作为教育者，宛如辛勤的园丁，热切期盼着祖国的花朵苗壮成长，绽放光彩。每个学生都是独一无二的，我们要深信他们皆蕴藏着成为未来之星的潜力，并帮助他们找到自我，实现自我价值。

爱的呵护，润泽待绽的花朵

每个孩子都是上天赐予我们的天使，他们有时是如此脆弱，一个眼神或一个动作都可能在他们幼小的心灵中激起层层涟漪。因此，我们需要用无比多的耐心和关爱去呵护他们。

在上个学期，我在班级中遇到了一个名叫小 W 的孩子。他聪明伶俐，却暗暗自卑。我从班主任处得知，小 W 的家庭环境特殊，与年迈的奶奶相依为命。当其他孩子在放学后快乐地玩耍时，他却要匆匆赶回家中，协助奶奶做家务。我清晰地记得，当初次接触电脑时，他的眼神中既有新奇也有胆怯。小 W 小心翼翼地用那双略显粗糙的小手轻触屏幕，然后迅速收回。这一幕深深触动了我。于是我决定在课余时间教他如何使用电脑。

渐渐地，小 W 逐渐变得自信起来。他开始利用电脑制作动画、编写小程序，并能与同学们轻松在线交流。随着时间的推移，他的电脑技能日益精进，甚至带领同组的小伙伴组成团队，积极参加各类信息类活动和比赛。

我深信，每个孩子都蕴藏着无尽的潜力。如果我们用心关爱每一个孩子，并用爱温暖他们的心灵，他们就能在我们的引导下健康成长。当他们遇到问题时，我积极伸出援手；当他们取得进步时，我毫不吝啬地给予赞扬。我鼓励学生勇敢地展现自我，表达自己的想法，同时细心观察他们的情绪变化。通过与学生的互动交流，我引导他们树立正确的人生观和价值观，学会尊重他人、珍惜友谊，培养他们的责任感和团队精神。

在与孩子们共度的时光里，我们不仅是知识的引导者，更是他们人生旅途中的陪伴者。让我们携手努力，践行教学理念，为每一个孩子的未来奠定坚实的基础。让他们在充满爱的环境中苗壮成长，为社会的发展贡献自己的力量。让我们以爱之名，浇灌这些祖国的花朵，期待他们在每一个春天里绽放绚烂的光彩。

点亮角落的光，温暖每个孩子的心

朱嘉涛

大爱无疆，教育的温暖触及每个角落。教育的真正价值在于包容和关爱，尤其是对于那些在角落里默默无闻的学生。因为每个孩子都值得被看见、被理解、被关爱。

让角落里的花绽放

某日，班主任老师突然通知我，一名学生在体育课上受伤了。我回忆了一下，体育课上一切正常，学生们开心地去上课，开心地回来，没发生什么意外。随后，班主任老师发来一张照片，照片中学生的部分皮肤呈现红色。原来是孩子在单杠垫子上活动时不慎跌倒。但他当时并没有觉得很痛，也就没放在心上。虽然这只是一件小事，但它反映出一些学生在校生活的问题。

处理完受伤的事情后，我们就这一事件进行了严肃的讨论和深刻的反思。班主任老师告诉我，这名学生在对体育老师的评分中打了"不喜欢或一般"。这让我感到震惊，因为这个班级的上课氛围一直都很好，大家都很期待体育课。然而，显然这名学生没有在体育课上得到良好的体验，甚至无法融入。这让我开始反思教学过程中的问题：在课上，我们总是关注表现优异的学生和表现不佳的学生，他们能够体验老师的关心、关注和尊重；即便是表现一般的学生也能在活动中体验运动的快乐。然而，有些学生却很容易被忽视，他们无法参与课堂。即使这节课上得再好，他们也只能像个观众一样，观看着一场精彩的表演，自己却置身事外。

我想是时候做点什么了。

小角落里的大变化

于是，在后来的体育课中，我开始特别关注这名学生。我发现他很少与身边的同学交流玩耍。为了打开他的心房，每次做示范时，我都会有意或无意地邀请他一起参与，让他在大家的掌声和注视下完成一个个小挑战。虽然他在活动中不苟言笑，但回去之后我能发现他握紧的小拳头放松了一些，嘴角也上扬了一些。每次自主练习时，我也会给他分配好小组，并加入他们的队伍，活跃气氛并观察他是否展开活动。终于，在一次贴烧饼的游戏中，我发现了他的转变。他笑着追逐另一个小朋友，抓住对方后回到安全区域，气喘吁吁地与前面的小朋友对视而笑，露出了骄傲的神情。

这段经历让我更加坚信，每个学生都需要关注和认可。有些学生可能不会主动寻求关注，但这并不意味着他们不需要。作为教师，我们有责任去发现那些沉默的孩子，并给他们必要的关心和支持。小的行为可以带来大的变化，如邀请学生参与示范、分配小组活动等。这些行为可能看起来微不足道，但对学生来说，它们是建立自信和锻炼社交技能的重要机会。耐心和持续的努力是关键：改变不会在一夜之间发生，尤其是对于那些长期处于边缘状态的学生。这需要教师持续不断地关注和鼓励，以及对学生每一个小进步的肯定。

创造成功的体验

让学生体验成功是增强他们自信和参与感的有效途径。在体育课上，通过游戏和活动让学生感受到成就感，可以激发他们对未来参与和尝试新事物的兴趣。教育不仅仅是传授知识，更是对学生心灵的关怀。通过这段经历，我更加认识到我们需要关注学生的全面发展，包括他们的情感、社交和心理健康。通过将学生纳入小组活动中，我看到了团队合作对于个人成长的积极影响。它不仅帮助学生建立社交联系，还教会他们合作、沟通和解决问题的技能。教师的角色存在多样性：我们不仅是知识的传递者，更是引导者、倾听者和支持者。我们需要在不同的角色之间灵活转换，以满足学生的多样化需求。

每个孩子都有自己的特点和兴趣，教育的意义在于发现并培养这些闪光点。通过个性化的关怀和指导，教师可以帮助学生找到自己的方向，激发他们的潜能。这种关怀不仅能够提升学生的学术成绩，还能够增强他们的自我认同感和社会适应能力。在大爱教育的照耀下，每一颗星星都有机会发光发亮，并共同织就教育的璀璨星空。

莫问收获，但问耕耘

胡 玥

闻一多先生在《红烛》一诗中深情地写道："莫问收获，但问耕耘。"教师便如那默默流淌的小溪，无声无息地滋润着每一名学生的心田。他们无私奉献，却常常忘却自己的流向，只关注那沿途的繁花似锦和欢快的鱼跃鸟鸣。

一个灵魂唤醒另一个灵魂

在第一节道德与法治课上，我们探讨了"走近老师"这一主题。我试图探寻学生心目中"好老师"的标准。他们的答案五花八门。就在这时，平日里颇为调皮的小林同学蓦地站起向我提问："胡老师，您认为自己是一位好老师吗？"这突如其来的问题让我略感错愕。我稍作思索，回答："我无法即刻给出'是'或'否'的明确答案，但时间会为我们揭晓真相。"

下课的铃声悠扬响起，然而小林的问题却如同一颗种子，深深植根于我的心中。我也曾身为学生，在课堂上听闻过张桂梅、陶行知、于漪等杰出教师的事迹。但当我真正走上讲台，成为一名教师时，我扪心自问：我能否成为他们那样的卓越教师？

德国哲学家雅斯贝尔斯曾深刻指出："真正的教育，是一棵树摇动另一棵树，一朵云推动另一朵云，一个灵魂唤醒另一个灵魂。"小林同学的提问，不正是灵魂之间的唤醒吗？倘若没有那颗好奇心的触动，我恐怕难以开启这场心灵的自我探寻之旅。

"我也想成为像您一样的人"

有一次，由于进行了课堂小练习，我选择放学后留在办公室。只有及时的反馈与深入的剖析，才能让知识的种子在学生们心田生根发芽。我忘却了时间的流逝，忘却了身体的疲惫，只忙着记录下每一个共性难题、每一个值得表扬的亮点、每一个需要特别关注的学生。

就在这时，一阵轻轻的敲门声打破了宁静。我抬头一看，是小林同学，他因忘带作业而返回学校，疑惑地询问道："胡老师，那么晚了您还在学校啊？"我微笑着回答："胡老师还在这里忙着分析你们的学习情况呢，希望能为你们提供更有效的帮助。你在这个阶段的学习有很大的进步，加油，小林，老师看好你！"他认真地点了点头，眼神中闪烁着自信的光芒，仿佛下定了决心要更加努力。"谢谢老师。我会更加认真对待学习，我也想成为像您一样的人，能够用自己的知识和热情去帮助他人的人。"

夜已深，但我的心却异常温暖和充实。这一场对话仿佛又是一次灵魂的唤醒与触动。在这个充满希望的校园里，还有无数像小林同学一样怀揣梦想、勇往直前的孩子们。他们正等待着我去引导、去鼓励、去陪伴。

"我觉得你是个好老师"

某一天，在下班的路上，我又偶遇了小林同学。这一次，他化身为一位充满好奇的小记者，向我抛出了一连串的问题。"胡老师，你家大概离学校多远呀？""胡老师，你回家后还会继续工作吗？"……我笑着回答他："有时候要批改作业，有时候要深入研究课本内容作为知识的补充。最关键的是，要为第二天的课堂做好充分的准备，就像演员为舞台上的精彩演出而彩排一样！"他听后愕然道："原来老师回家后也有作业呀！"

"胡老师，你觉得做老师辛苦吗？"这一次，我毫不犹豫地回答："辛苦，但我却常常忘记了辛苦。作为老师，我能成为你们人生路上的重要引导者，这是一份无比光荣的使命。每当我看到你们清澈的眼神、暖心的反馈和不断成长的收获时，我都会感到无比的幸福。这种幸福感让我忘却了辛苦。"小林同学沉默片刻后由衷地说："胡老师，我觉得你是个好老师。"

小林同学的这句话如同一缕清风，让所有的疲惫与辛劳瞬间烟消云散。它不仅仅是对我工作的肯定，更是对我灵魂深处那份教育热情的共鸣与回应。

我深知，成为一名好老师并非一朝一夕之功，它需要持续的努力、不懈的探索与深深的热爱。我将这份爱融入每一堂课、每一次交流、每一个关怀，让爱成为连接我和学生之间最坚实的桥梁。回望来路，从初登讲台的忐忑不安，到如今与学生心照不宣的默契，我深知自己在这份事业中收获了成长，也见证了无数孩子的蜕变。我愿化作那守候的园丁，静静地等待，耐心地浇灌，用心去感受他们生命中最绚烂的绽放。

走近心灵，让教育之花如约绽放

丛 琪

教师之爱，如同春日暖阳，不仅能照亮学生前行的道路，更能融化他们内心的冰霜，唤醒他们心中那颗渴望成长的种子。

以爱之名，唤醒沉默的灵魂

在这个多元且不断变革的时代，教育的意义愈发凸显。正如亚里士多德所言："教育之于心灵，犹雕刻之于大理石。"当我初为人师，担任六年级地理教师时，一个默默无闻的小女孩，引起我的特别关注。小雨，一名性格内向、成绩平平的学生。她总是低着头，默默地坐在教室的角落，仿佛与世隔绝。看着她孤独的身影，我意识到，她可能正经历着一个需要更多关爱与引导的阶段。

教育不仅是知识的传授，更是心灵的关怀与鼓励。在一次聚焦于巴西丰富地理风貌的课堂上，我决定尝试一种别开生面的教学方法——鼓励学生们以绘画为媒介，展现他们心中那片独一无二的自然景观。平日里沉默寡言的小雨，在这次活动中却展现了不同寻常的热情与专注。她紧握画笔，以细腻入微的笔触，缓缓勾勒出一幅令人叹为观止的热带雨林景象。画中的每一片叶子都仿佛蕴含着勃勃生机，每一滴水珠都闪烁着生命的光泽，整个画面洋溢着大自然的磅礴与神秘。

看着小雨的作品，我意识到这不仅仅是一幅画，更是她内心世界的一次勇敢表达。于是，我在课堂上特别表扬了小雨，并邀请她上台分享自己的创作心得。

小雨站在讲台上，双手微微颤抖，但眼神中却闪烁着前所未有的光芒。她羞涩地讲述自己对热带雨林的向往和敬畏，以及希望通过画笔传递的那份美好与希望。在同学们热烈的掌声中，小雨把头微微抬起，脸上闪过一丝惊讶与喜悦，看着台下的同学们，面带羞涩的笑容走下讲台。

育人为本，照亮心灵的旅程

课后，我意外地成了小雨的秘密朋友。在那些轻松的课间时光里，小雨会悄悄地靠近我，分享她的梦想与心中的困惑。我总是耐心地倾听她的每一句话，试图理解她内心的世界。我告诉她："小雨，你知道吗？每个人的心中都有一片属于自己的热带雨林，那里藏着无尽的宝藏与等待探索的奇迹。只要你勇敢地迈出步伐，去探索、去表达，那片雨林定会绽放出最耀眼的光芒。"

为了鼓励小雨更多地展现自己，我开始积极地引导她参与课堂讨论，并为她创造更多展示自己的机会。渐渐地，小雨在课堂上的表现发生了显著的变化。她不再是一个默默无闻的旁观者，而是积极参与讨论，勇于提出自己的观点和疑问。虽然有时候在众人面前发言仍然会让她感到一丝紧张，但她已经学会了如何克服这种情绪，享受分享和交流的乐趣。她的思维变得更加活跃，对知识的渴望也日益增长。

在课间，她不再孤独地坐着。同学们也开始主动与她交朋友。她变得越来越开朗。有一次，学校组织了一场关于爱护环境的主题演讲活动。小雨对此充满了兴趣，但又担心自己会怯场。我鼓励她勇敢尝试，并和她一起准备演讲稿，每一个细节都力求完美。最终，小雨站在了舞台上，用流利的语言表达着自己对环保的热爱与理念。她的演讲赢得了阵阵掌声。

在教育的道路上，我们不仅是知识的传递者，更是学生心灵的引导者。每一位学生都是一棵幼苗，需要我们以爱与耐心去呵护、去浇灌。在这个过程中，我们也将收获无尽的快乐与满足。与她的相遇让我更深刻地理解了教育的意义，并让我感受到教师心中的大爱。这份大爱如同潜移默化的力量，终将照亮每一颗心灵。

回首与她一年的相处时光，我心中充满了感慨和欣慰。教育是一种奉献，是一种无私的付出。在教育的道路上，让我们用心中最纯粹的爱去浇灌每一棵幼苗，让他们在我们的呵护下苗壮成长，并绽放属于自己的光彩。这就是教育的真谛，也是教师心中的大爱所在。

平等，是师爱迈出的第一步

狄永州

在教育这条道路上，师爱的力量是无可比拟的。老师那鼓励的眼神、会心的微笑，或是体贴入微的话语，对学生来说都可能是心灵的触动，能带来意想不到的激励效果。学生往往会因此而对某位教师产生深厚的感情，进而喜欢上这位教师所教授的学科。

要想获得学生的认可和喜爱，教师首先要做的是学会与学生平等相处。与学生沟通时，我们需要蹲下身子，以平等的视角去交流，主动走进他们的世界，也让他们充分感受教师的温暖和关怀。

课余时间是拉近师生关系的绝佳时机。教师可以尝试把学生当作朋友，多倾听他们内心深处的声音，关注他们所关注的，聊聊他们热衷的话题。这样，你会发现，你与学生的距离在不知不觉中拉近了许多。这份亲近感也会在他们的课堂上体现出来，他们会更加积极地参与课堂活动，更加热爱学习。

当然，我们更要懂得尊重和帮助每一名学生。记得有一次课堂上，两名学生突然发生了口角。我迅速跑了过去向他们了解情况，原来是一位同学放在跑道边的发卡被另一位同学不小心碰落后掉进了跑道旁边的下水道。看着那名失去发卡的同学伤心地哭泣，我内心也感到十分不忍。当我提出送她一个新的发卡时，她却忍不住流下了泪水，拒绝了我的方案，坚持就要那一个，因为它是用积分换来的，对她来说意义非凡。看着学生那坚定的眼神，我感受到了她对那个小小发卡的珍视。于是，我安慰她，承诺一定会帮她找回发卡，并让她先回教室等待消息。

午休的钟声响起，校园里渐渐安静下来。我拿起事先准备好的磁铁和绳子，开始了我的搜寻之旅。我蹲在下水道口，将磁铁缓缓放入漆黑的洞口，心中默默祈祷能够顺利找到那枚小小的发卡。每一次尝试都伴随着心跳的加速，我能感受到自己的紧张和期待。经过几次耐心的尝试，终于，磁铁似乎被什么东西牢牢吸附住了。那一刻，我的心跳加速，仿佛整个世界都在为这一刻屏息。我小心翼翼地将磁铁拉出，那枚发卡就像一颗小小的星星，在阳光的照耀下闪闪发光。我心中的石头终于落地，一种难以言喻的成就感油然而生。我将发卡冲洗干净，几乎是带着一种仪式感，轻轻地将它放在了学生的课桌上。想象着她看到发卡时惊喜的表情，我的嘴角也不自觉地上扬了。

第二天课间，一道羞涩的身影悄然出现在我的视线里——正是那位找回了心爱发卡的学生。她递给我一颗糖果，小声地说了句："谢谢您，老师。"我接过那颗糖果，感受到的不仅仅是甜蜜的味道，更有学生对我的信任与尊重。这颗糖果成为我们之间无声的纽带。那一刻，我深深地感受到了作为教师的幸福与满足。

作为教师，我们不仅仅是传授知识的人，更是学生成长路上的引导者和伙伴。我们承载着塑造未来的责任，通过我们的言传身教，影响学生的价值观、人生观和世界观。因此，我们需要时刻保持敏锐的洞察力和深厚的教育情怀，用爱心去浇灌每一颗渴望成长的心灵，用智慧去点亮每一个探索未知的梦想。在这条充满爱与智慧的教育之路上，我们共同前行，共同成长，共同创造更加美好的未来。

特别的爱，点亮特别的星

须怡雯

在教育的辽阔星空之下，每一颗星星都拥有其独特的光芒。小毅，这颗曾一度黯淡的星星，如今正以其惊人的转变诠释着爱的力量。爱，宛若夜空的北斗，为小毅指引了前行的航向，使他成为那片星空中最璀璨的一颗。

爱如春风，唤醒沉睡的心灵

昔日的小毅，在众多老师眼中是个"问题学生"。他上课心不在焉，字迹潦草，作业时常拖延。他的双眸仿佛被一团迷雾笼罩，让人难以触及他的内心。面对这样的学生，许多老师或许会选择放弃走近他。但作为教育者，我深知每一颗星星都有其无可替代的价值与潜能，需要以爱去点亮。

于是，我决心点燃这颗特别的星星。在与小毅的家长深入交流后，我了解到孩子患有多动症，极易分心。因此，在课堂上，我特意安排他坐在第一排，以便我能时刻关注他的动态。每当他分心时，我会轻声走到他身旁，以眼神和细微的动作提醒他。起初，每节课我都需要多次提醒，但渐渐地，提醒的次数减少了——五次、四次、三次……小毅开始聚精会神，他的专注度有了显著的提升。接下来，我需要寻找一个契机，让他体验成功的滋味。

一次数学课上，我提出了一个难度适中的问题。出乎意料的是，小毅破天荒地举起了手。但他环顾四周后，又迅速放下了。这是一个宝贵的信号！我抓住了这个机会，鼓励他发言。小毅小声地给出了自己的答案。"回答得非常出色！你的思考很有深度！"我大声地赞扬他，并引导全班同学为他鼓掌。那一刻，小毅的眼中闪烁着前所未有的光芒，露出了灿烂的笑容。自此以后，他在课堂上变得更加活跃，举手的次数越来越多——一次、两次、三次……他的声音也越发洪亮，作业情况日渐改善，对学习的兴趣也日渐浓厚。

在课间，我也主动与小毅交流，让他感受到我的关怀与爱护。我告诉他，每个人都拥有独特的价值和潜能，只要付出努力，就必定能够取得成功。慢慢地，他的眼中也开始闪烁着希望的光芒。我深知，这颗星星正在我的擦拭下逐渐熠熠生辉。

小毅的转变并非一朝一夕能完成的，而是在爱的引导下，通过耐心与智慧逐步唤醒他的过程。爱不仅仅是对学生的关怀与照顾，更是对他们的信任、尊重与激励。正是这种无私的爱，使小毅从一个"问题学生"蜕变为一个自信、积极、上进的好孩子。他的转变不仅是他个人的成功，更是教育的成功。它昭示我们，只要我们以爱去关注学生，便能发掘他们的独特之处与潜能所在，助力他们成为最优秀的自己。

爱如阳光，照亮前行的道路

随着时光的推移，小毅的进步日益显著。他开始主动完成作业，积极投入课堂讨论，在其他课程中亦展现了不俗的才华。然而，成长的征途并非一帆风顺，小毅开始面临新的挑战与困难。

有一次，小毅因病长假，返校后在数学练习中遭遇了较大挫折，错误连连。看着那些醒目的红圈，他沮丧地告诉我，他已丧失了学好数学的信心。他失落的眼神让我心中五味杂陈。我深知此刻他所需要的并非责备与批评，而是理解与支持。于是，我耐心地与小毅沟通，了解他在数学学习中遇到的困难与疑惑。我告诉他，学习是一个循序渐进的过程，挫折与失败都是难以避免的。重要的是要勇敢地面对困难，积极地寻求解决方法。我要他坚信自己的能力，相信那个曾经取得巨大进步的小毅，这次也同样能够做到。小毅若有所思地点点头，微微一笑后转身离去。自那以后，课余时间他主动向我请教错题，认真做好预习与复习，我也耐心地为他讲解数学知识点，引导他掌握解题方法与技巧。

在随后的练习中，小毅取得了优异的成绩。他兴奋地跑到我面前分享这个喜讯，眼中闪烁着自豪与喜悦的光芒。看到他如此开心与自信，我感到由衷的欣慰与骄傲。这不仅是数学学业上的进步，更是小毅战胜自我后的成长。

小毅的故事让我深刻地反思了教育的使命与价值。爱的教育是一种温暖的教育。我们不能奢望一蹴而就，也不能轻易放弃任何一个学生。我们要用心去倾听每一个学生的声音，了解他们的需求与困惑，用爱去温暖他们的心灵，激发他们的潜能与创造力。

爱的教育也是一种智慧的教育。它要求我们以理解去对待每一个学生，用耐心去引导他们成长。它要求我们关注每一个学生的内心世界，发现他们的独特之处与潜能所在。

以特别的爱，点亮特别的星。让我们用这份深沉的爱去唤醒每一个学生的潜能与梦想，让他们在教育的星空中熠熠生辉、绽放光彩。

教学相长

葛亚丽

教育，不仅仅是教师向孩子传授知识的过程，同时是教师自我学习与提升的过程。在这条教学之路上，教师唯有用心倾听，虚心接受并不断学习，方能越走越远，越攀越高。

用心倾听，用诚相待

教师的幸福来源于师生之间的真诚交流。每当学期结束时，我总是满怀期待与好奇，渴望聆听孩子们成长的足音。于是，我总会问："一个学期过去了，你能跟我说说你有什么进步吗？"这不仅仅是我对他们学习成果的关切，更是对他们个人成长的深切关注与鼓励。

有一次课上，一个小女孩举手示意。我问她："你说说。"她略显犹豫地说："葛老师，我不敢说，说了怕您不高兴。"我笑着回应："我们之间还有什么是不可以说的呢？"于是，她鼓起勇气问道："葛老师，一个学期下来，您有什么进步啊？"这一问题，犹如一颗石子投入平静的湖面，瞬间激起层层涟漪。孩子们的眼睛仿佛放电一般，"唰"地一下全部聚焦在我身上，那一刻，我竟有种眩晕的感觉。是啊，我们总是习惯于询问学生"你进步了吗"，却往往忽略了自省："我进步了吗？"

那一刻，我深感自己仿佛站在了一个十字路口。如果我的回答是进步不大，孩子们可能会对我失去兴趣，不再那么喜欢我，也不再佩服我。这无疑是我无法接受的。而如果我说进步很大，我又觉得自己并没有那么大的进步。正当我不知如何回答时，课程也接近了尾声。我灵机一动，对学生们说："时间差不多了，让老师把这个问题作为家庭作业带回去，明天向大家汇报。好不好？"孩子们虽然有些不情愿，但他们的眼神中却闪烁着期待的光芒。他们其实很期待老师的答案。

那天晚上，我认真地思考着这个问题："我进步了没有？也就是作为老师，我每年应该有哪些进步？"啊！这个问题实在太深刻了。

第二天一上课，我就迫不及待地对学生们说："同学们，你们还记得昨天的问题吗？""记得！"学生们回答得响亮而坚定。"那么，葛老师想请你们先说说我的进步。"一个孩子说："葛老师，以前你讲课有好多问题我都理解不了。现在大部分我都能学会了。"另一个孩子说："我喜欢老师在下课后摸摸我们的脑袋，这让我们感觉很温暖。"……听着学生们你一言我一语的评价，我的内心涌动着感动与温暖。最后，我十分感慨地说："老实说，你们昨天提的问题让我思考了一个晚上，却依旧想不出自己有什么进步。但是今天你们告诉了我这么多，老师真的很感动。"

教学相长，这不仅仅是一个理念，更是我教学生涯中的深刻体会。我从心底里感激我的学生，是他们让我更加深刻地理解了教育的双向性，更让我体验到师生间共同成长、相互启发的美妙过程。每当我站在讲台上，面对那些充满好奇与求知欲的小脸，我都深感责任重大，同时也被他们的活力与热情深深感染。他们的纯真无邪、勇敢探索的精神，常常激励我在教育的道路上不断前行。他们的问题与疑惑，也促使我不断反思自己的教学方法和内容，力求为他们提供更加优质的教学体验。他们的每一次进步，都是对我教学工作的最好回馈，也是对我最大的鼓励。在未来的日子里，我将继续秉持教学相长的理念，与学生一同前行、一同成长，让教育之路充满无限的可能与希望。

爱的交响曲

　　看完这些故事，您是否在某个瞬间找到了共鸣？是否在某个故事中看到了自己的影子？是否在某个观点上产生了新的思考？我们诚挚地邀请您，将这些感触和感想表达出来，与我们一起分享。

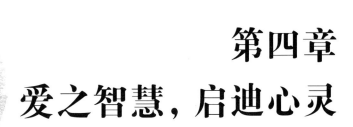

第四章
爱之智慧，启迪心灵

　　教师不仅是播撒爱的使者，更是智慧的开拓者。他们以深沉而持久的爱作为教育的基石，巧妙地融入独特而富有创意的教育策略与智慧，从而精心铺就每一名学生的成长之路。在面对性格各异、需求不同的学生时，他们总能凭借敏锐的洞察力，准确诊断学生的"症结"所在，进而因材施教，对症下药，以最恰当的方式激发学生的内在潜能。这不仅仅体现了教育的精湛艺术，更是对学生那份深沉而又真挚的爱的完美诠释。

以尊重为桥，以信任为路

武慧芳

以表扬为引，育自信之花

"老师，依依的数学和英语作业还没交。"周一早晨，我刚进教室，课代表就急忙上前告诉我。

我望向座位上的依依，她正歪着头，有些惊恐地看着我。这是一个特别的小女孩。由于出生时的一些状况，她的发育比同龄人迟缓。她本来清秀的小脸一侧架着一副不太合适的眼镜，使得鼻子看起来有些歪，右眼视力还非常弱。这些不同让她显得非常自卑，无论是在人前还是人后，都很少看到她的笑容，也听不到她的声音。前段时间，她刚经历了一次手术。考虑到她的眼睛状况，我特许她这段时间不必完成作业。一个多月过去了，她的视力已经恢复得差不多了，但她依然没有完成数学和英语的作业。我该怎么办呢？

沉思片刻后，我想出了一个办法。

晨会时间到了。我微笑着走上讲台说："同学们，今天的晨会，老师要特别表扬一位同学。"孩子们都睁大眼睛看着我。"我们班的依依同学，虽然她之前眼睛做了手术，医生建议她不要长时间用眼，老师也准许她可以不写作业。但是，她在视力刚刚恢复的时候，就坚持要完成一部分作业。"我接着说。孩子们纷纷转头看向依依，眼中流露出敬佩的神情。依依看看我，一脸惊讶，慢慢地，她的小脸红了，悄悄地低下了头。

放学前，依依走到我跟前："老师，我把英语和数学的作业都补完了，语文作业等晚上回家写。"第二天早上，依依不仅认真完成了晚上的各科作业，还把之前落下的语文作业也补上了。我再次在班上表扬了她。从那以后，她基本能按时完成作业。随着时间的推移，她在各方面的表现都逐渐步入正轨，受到的表扬也越来越多，人也变得开朗起来。在活动课上经常可以听到她开心的笑声。

以理解之名，筑尊重之桥

"老师，你快来……"我注意到一群孩子正朝我办公室跑来，他们的声音里带着催促，"依依不小心尿裤子了。"依依的脸色瞬间变得通红，眼中闪烁着不安。这个场面无疑也引起了班级中其他同学的注意。我明白，这是一个教育孩子们学会换位思考和尊重他人的宝贵机会。

我温柔地制止了任何可能引发尴尬氛围的言语，然后轻声对她说："依依，我知道你现在可能感觉有些难受。但请记住，这只是一个小意外。我们每个人都会有尴尬的时刻，包括我。这不是你的错，重要的是我们如何一起面对并克服它，好吗？"

依依的泪水在眼眶里打转，我继续安慰她："我明白那感觉确实不好受。但我想让你知道，班里的每一个同学都会站在你这边支持你。现在，你想去换一套干净的衣服吗？"

依依点了点头，我知道她需要一些私人空间来处理这份尴尬。于是，我让她带着干净的校裤去了教师休息室，并告诉她如果需要任何帮助，随时都可以叫我。

后来，在依依的同意下，我们一起回到了教室。我利用这个机会，和全班同学一起讨论了如何互相尊重、在他人遇到困难时伸出援手的重要性。最终，当我在依依的脸上看到笑容，眼中闪烁着勇气的光芒时，我知道她已经感受到了班级这个大家庭的温暖和支持。

以比赛为机，铸团结之心

阳光洒在了操场上，孩子们脸上洋溢着期待和紧张。他们热着身，准备在比赛中展示自己的速度与激情。

"老师，我们班女子接力赛还差一位选手。比赛快开始了，怎么办呀？"孩子们焦急的声音打断了我的思绪。由于一名同学突然生病，我们的接力队伍出现了一个空缺。我的脑海中快速地筛选着各种可能的解决方案。我环视了一下班级的队伍，就在这时，我的目光落在了依依身上。虽然依依在肢体平衡上面临着一些挑战，但我知道她拥有一颗热爱运动的心。

"依依！"我轻声呼唤她的名字，她的脸上立刻露出了灿烂的笑容。

"老师，我可以参加吗？"她用带着一丝不确定却又满是期待的语气问道。

"当然可以。"我鼓励道，"接力赛不只是速度的比拼，更是团队合作的展示。我相信你可以做得很好。"

孩子们听到我的提议，起初有些犹豫。我看到了他们眼中的疑惑，但我也知道，这是一个教育的契机，一个让他们学会包容和尊重的时刻。

"同学们，"我说，"接力赛的精神在于传递和合作，每个人都是团队不可或缺的一部分。依依也许跑得不是最快的，但她的勇气和决心是我们所有人都应该学习的。让我们一起支持她，让她成为我们团队的一份子。"

听了我的话，孩子们的表情从犹豫转为坚定。他们纷纷点头表示同意。依依被安排在了接力赛的最后一棒，这不仅仅是对她能力的认可，更是对她的尊重和鼓励。

比赛开始了，依依的队友们一个接一个地跑完了自己的那一段，每一次交接都那么顺畅而迅速。当轮到依依接过接力棒时，全场的目光都聚焦在了她的身上。她的脚步虽然有些沉重，但她的眼神却异常坚定。她每一步都跑得那么认真，那么有力，仿佛在用她的行动告诉大家：每个人都有自己的价值和闪光点。

当她冲过终点线时，整个操场沸腾了。其他孩子们冲上前，将她高高举起，欢呼声、掌声、呐喊声汇成了一片海洋。

那一刻，没有特殊，只有团结；没有差异，只有欢乐。

那天，我们班的孩子们不仅体验了一场激烈的比赛，更收获了一份深刻的理解：尊重和珍惜每个人的独特性，共同创造一个多元和谐的世界。这场充满挑战与欢笑的比赛，成为我们所有人心中宝贵的记忆，它见证了成长，孕育了希望，留下了无价的教育意义。

点亮学生心灵的旅程

陈　欢

"教师的爱是滴滴甘露，即使是枯萎的心灵也能苏醒；教师的爱是融融春风，即使是冰冻了的感情也会消融。"教育不仅仅是传授知识，更是心灵的触碰与成长的陪伴。教师如同光芒，即使微弱，也能照亮学生前行的道路。

用心沟通　关爱成长

小王长着一张胖乎乎的圆脸，看起来憨厚可爱，但一双大眼睛却总是透出一种懒洋洋的神态。每次见到他时，总能发现他的桌面零乱，衣服也脏兮兮的。在课堂上，他很少抬头看黑板，也不知道在课桌下忙些什么。每当被提问时，他总是一脸茫然，仿佛与课堂格格不入。更让我感到棘手的是，小王总是逃避作业，每次的借口都是"忘带回家了""忘记完成了"。有好几次，他甚至故意把当天的任务单遗落在教室的课桌桌肚里，以此逃避作业。

起初，我尝试在课余时间与他沟通，他每次都满口答应会改正，但过后却依然如故。最后，我决定采取更有针对性的措施。俗话说得好："知己知彼，百战不殆。"于是，我主动与小王的家长取得联系，深入了解他的家庭环境。原来，小王有个表现优异的姐姐，从不让父母操心。因此，父母经常在他面前夸赞姐姐。这导致小王越来越缺乏自信，对学习也兴趣索然。此外，父母在他的学习成长过程中没有给予足够的关注和陪伴。

用爱鼓励　羽化成蝶

在全面了解了小王的家庭背景后，我开始探索如何帮助他建立自主学习的意识，并改掉懒惰的习惯。何不尝试一场别开生面的"金币"争夺战呢？我立刻行动起来，通过设立虚拟银行发放金币的方式激励他。我给小王十枚"金币"，并设定了规则：作业未及时完成或课堂不认真听讲都将扣除一枚"金币"。一个月后，我们将根据剩余"金币"的数量给予相应的奖励。这一举措让小王倍加珍惜每一枚"金币"，他的学习态度也随之发生了显著变化。他不再故意逃避作业，在课堂听讲时也变得专心致志。

为了进一步增强他的自信心和成就感，我抓住每一个机会在全班同学面前表扬他。有一次，他因感冒耽误了几天的课。在康复后，他利用课余时间抓紧补课，并高质量地完成了作业。每当他能在课堂上主动回答问题或展现出专注的学习态度时，我都会给他热烈的掌声和及时的鼓励。随着时间的推移，他的学习热情日益高涨，作业完成得也越来越快。同学们纷纷对他刮目相看，老师们也对他竖起"大拇指"。

看到他的显著变化，我们都感到由衷的高兴。由于之前的学习态度和习惯不佳，他的学科基础相对薄弱。因此，我鼓励他遇到难题时勇于向老师或同学请教。在辅导课上，他展现了前所未有的专注度。每当他在学习上取得点滴进步时，我都会及时给予肯定和赞赏。经过一段时间的耐心辅导和鼓励，他逐渐找回了对学习的信心。他的作业书写越来越规范整洁，各科成绩也有了稳步提升。他在不断地努力和蜕变中！在学期末的练习中，他的各科成绩都从之前的"须努力"提升到了现在的"优良"水平。所有人都为他感到高兴。他也变得更加开朗健谈，时常与我分享生活中的点滴趣事。孩子对老师的喜爱总是那么直接而纯粹，这让我深刻体会到了教育的温暖与力量。

在班级日常管理中，我们需要用真心去换取学生的信任和理解。当孩子们不慎走入误区时，我们要及时化身为一束指引他们走向正确道路的明灯。这正是教育的真正意义所在。我们将共同散发出如太阳般炽热的光芒，照亮孩子们的成长之路，同时为我们自己的教育事业照亮前行的方向。

成长，一直在路上

汪若梅

教学的本质，不在于传授的本领，而在于激励、唤醒和鼓舞。于永正在《做一个学生喜欢的老师》中提道："如果说教育的第一个名字叫'影响'，那么，它的第二个名字便叫'激励'。"

夸赞的力量

某个星期五放学时，我在校门口与同学们挥手道别。突然，颜同学欢快的声音引起了我的注意："亲爱的汪老师，再见！"伴随着他那轻快的语调和活泼的动作，我当天繁重的工作压力顿时减轻了不少。虽然颜同学一直是个活泼外向的孩子，但并非每次放学他都会如此引人注目。这是因为我今天对他的特别关注。

颜同学在字词默写方面的表现总是起伏不定，这与他的学习态度密切相关。上次默写成绩不理想时，我把他叫到身边，对他说："你的字是不是练过，写得很漂亮。"他点点头。我接着说："但是正确率可不漂亮。"他顿时沉默了。我翻了翻他的作业本，指向前面正确率较高的部分，鼓励道："你看，你是能做到的。"

当天中午，我又叫他过来帮忙分发试卷，并专门提醒他："我希望明天能看到你认真的态度，能做到吗？"他信心满满地回答："好的，我知道了。"虽然只是简单的一句话，但我能感受到他对我的关注和信任的感激。在后续的默写中，他的表现确实比以往进步了不少。

额外的关注

一天晨读时分，我惊讶地发现张同学早早地站在了我的身边，因为通常情况下他都是姗姗来迟的。正当我满心疑惑之际，他主动开口与我打招呼："汪老师，早上好！""嗯，早上好！今天怎么这么早啊？"我好奇地问道。"老师，我带了盆栽过来，想和您一起布置教室。"话音刚落，他便转身将原本放在地上的盆栽搬到了我的面前，带着羞涩与喜悦交织的表情："老师，您看！这是我从家里挑得最好的一盆，它长得可茂盛了！"

看着他满怀激动的神情，在那个原本略带凉意的早晨，我的心中涌出一股暖流。这样一个平时对什么事都显得漠不关心的孩子，竟然能因为我不经意的一句话而如此尽心尽力。这份真挚令我深受触动。回望着他，许多往事在我的脑海中浮现。在 2022 年 8 月的家访中，初次见他，发现他寡言内敛，几乎没说一句话。他的母亲还告诉我，孩子有多动的倾向，注意力难以集中，目前正在接受药物治疗。但不可否认的是，当我和他就像朋友一般相处时，随着时间的推移，他逐渐敞开了心扉，与我也越来越亲近。

"小刺猬"的温暖

田同学不擅长整理物品，因此课桌上总显得零乱。稍不注意，课桌桌肚里的东西就会哗啦啦地散落一地。他的作业本也是相当不整洁，常常让人不禁揣测这些本子到底经历了怎样的"磨难"。在上课时，他要么全神贯注地沉浸在自己的坦克世界中，要么在被老师发现后"羞愤难当"，大发脾气。后来，我与他单独沟通，向他表达了我对他的喜爱以及对他朗诵能力的赞赏。在剧场看演出时，他愿意坐在我旁边。每当他忍不住想闹腾时，我一个眼神就能让他有所收敛。有一次数学课后，我特地为他"开后门"要来棒棒糖，这使得这只小刺猬慢慢收起竖起的"尖刺"，开始愿意倾听，在课堂上我也看到了他的明显转变。

对学生，我们应该抱有积极的情感，怀揣慈母之心。在教育和引导他们时，我们的言语要真挚，意图要明确，态度要诚恳，并主动与他们建立友谊，这样才能消除学生对老师的戒备心理和对立情绪。我们应该用爱心去接纳他们，善于发现他们的优点，并且乐于、善于给予表扬。教育不仅是一门需要用理性去说服人的学科，更是一门需要用情感去打动人的艺术。在教育的道路上，我会继续坚守我的初心，努力用爱心这把钥匙打开学生的心灵之门，陪伴他们一路成长！

以教育之名，唤醒、鼓舞与点亮

高 宁

一颗勇敢的糖：唤醒内心的力量

"老师，我怎么没发到糖啊？"这是一年级新生入学仪式结束后，一个瘦小的孩子举起手来向我提出的问题。为了帮助孩子们快速适应小学生活，养成良好的行为习惯，我会在发现他们的优秀之处时给予高度赞赏，并用代表教师赞扬和荣誉的糖果吸引所有小朋友的目光。这样做的目的在于正向强化被表扬者的行为，以期在其他小朋友心中树立起合格小学生的榜样，并引发他们内在的替代强化。

然而，到目前为止，我尚未注意到眼前这个孩子有任何令人难忘的举动。正想回复他要继续努力，下次表现好就会有机会时，看着他胆怯又渴望的眼神，我突然想起了他是谁。在线上视频家访时，他的母亲总是用担忧的目光注视着他，时而呵斥他回答老师的问题，时而温柔地劝导他看着老师说话。而他总是似懂非懂地回应着，多数时候四处张望。与其他热情互动、滔滔不绝的小朋友相比，堂堂在整个家访过程中从未笑过。

他似乎缺乏自信，或者不太理解发生了什么。他的母亲也提到他的专注度相比同龄孩子要弱。但他今天举手了，这是为了自己想要的东西在争取，这正是他身上的闪光点。也许此时正是帮助他建立自信的好时机。于是，我对他说："你的糖果在这儿呢！今天你表现得很棒！这颗棒棒糖是奖励你勇敢争取的！老师这里的棒棒糖数量有限，今天只有几名小朋友获得了，你就是其中一个，你也太优秀了吧！以后也要继续努力哦！老师相信你！"他咧嘴笑了，还对我说了谢谢。我回应表扬他有礼貌。放学后，家长们自由参观校园，堂堂和他的家人折返回来。他的母亲对我讲述了堂堂是多么迫不及待地与她分享这块糖，并神气地享用着他的"战利品"。那一刻，我真庆幸自己没有草率地拒绝他，而是送了他一颗"勇敢"的糖。

一颗幸福的糖：点亮自我价值的光芒

在后续的学习生活中，堂堂上课时仍然会偶尔走神，有时甚至会趴在地上探索微观世界的奥秘。在闲暇之余，他还会品尝青草的滋味。为了逃避空手道拓展课，他甚至曾在学校里到处奔跑。然而，每当我提及开学第一天他的出色表现，或是提醒他不要忘记对我及同学们的承诺时，他总会立刻停下手中的事情，专注地听。无论是与他父母交谈时，还是我与他谈心时，他总是以认真的态度倾听。他会坦诚地向我表达他的内心想法，告诉我他喜欢我，为可能给我和父母带来的麻烦表示歉意。他坚定地表示自己想要改变，只是很多时候难以自控……

半年过去了，他的进步总是让人惊喜。当课堂上的问题考验思维的开放性时，他偶尔会以独特的角度给出精彩的回答，并赢得全班的掌声。每当我询问谁愿意帮助处于劣势的同学时，他总是毫不犹豫地高高举起手。自从他担任过一次餐桌检查员后，即便不是他的值日，他依然日复一日地帮助大家擦桌子、推椅子和摆放餐盘。前两天，他突然对我说了一句"辛苦了"，让我感动得差点落泪。我深信，在他的内心深处，我们早已占据了一席之地。在帮助别人的过程中，他也体验到自我实现的幸福与满足。因为他坚信，自己和别人一样，有能力为需要帮助的小朋友提供庇护。

对我而言，这已经足够了。我坚信他会变得越来越好。每个人都渴望被欣赏、被尊重和被需要。在孩子们的世界里，这些愿望可能仅仅通过一块糖果、一句表扬或一道关注的目光就能实现。作为教师，我们或许会发现，千言万语的唠叨往往收效甚微。而真诚且适时地欣赏与支持，进而帮助他们实现自我价值，才是他们真正需要的。在每一个时刻，这些都化作一颗颗"精神糖"。这些糖果不仅甜在孩子们的嘴上，更融化在他们的心田里。

大摆渡车——沟通的桥梁

陈雯雯

教师应该采用学生能理解的方式与之沟通，赢得学生的信赖，并让他们感受到持续的关爱。

大摆渡车打开孩子的心门

在我负责的班级里，有个名叫小霆的孩子。小霆发育迟缓情况较严重，且注意力不易集中，适应能力也较弱，因此需要我给其更多的关注。经过一段时间的观察，我发现小霆只会自言自语，几乎无法与他人交流。他甚至会跟随我并不断询问："陈老师要去哪里？"这显示出他极度缺乏安全感。在课堂上，当其他孩子按照老师的要求遵守纪律、专心听讲、积极回答问题时，小霆却会在桌面上乱画，或者钻到桌下、躺到椅子上、趴到桌子上，甚至在教室里四处爬动。午休时，其他孩子都能安静地趴在桌上闭眼休息，而小霆则坐立不安，甚至会跑出教室。当我尝试与他谈心时，他难以静下来，无法集中注意力。如果我对他训斥，他会跟着大喊大叫，模仿我的话语，让人束手无策。

有一天，小霆来到我的办公桌前，趴在我面前，拉着我的手，让我仔细听他说。他向我讲述了他的大摆渡车，那是一辆很长很长的车。他非常认真地问我："小霆的大摆渡车现在在哪里？"当我正在思考如何回答时，他继续说道："小霆的大摆渡车在家里，放学来接小霆回家。"然后他紧张地问我："小霆的大摆渡车是不是很长很长？会越来越长对不对？"看着他紧张的神情，我问他："小霆是希望大摆渡车变得很长很长吗？"他一边比画着双手，张开双臂，一边说："大摆渡车这么长，会越来越长。小霆的大摆渡车是不是很长很长？"面对他迫切而期待的眼神，我肯定地回答："是的。"在得到满意的答案后，他开心地回到了自己的座位上。

通过与孩子的交流，我感受到他对自己所期待的答案的执着。一旦得到肯定，他就能感受被认可的喜悦。

通过沟通感受关爱

我注意到小霆对他的大摆渡车格外重视。于是我联系了他的父母，从他们那里详细了解了大摆渡车的来龙去脉。我利用小霆对大摆渡车的兴趣，引导他理解爱的含义并学会如何去爱。

经过一段时间的观察，我发现他变得更加懂事了。有一次午休时，我尝试了一种新的方式与他沟通。我告诉他："小霆，老师感觉有点累了，需要和大家一样午休。"看到他认真听讲并思考的模样，我问他："小霆和老师一起在自己的位置上睡觉好不好？"他毫不犹豫地回答："好！"然后他就自己回到位置上趴下了。午休期间，他还会时不时地偷偷回头看看我们。当我朝他做出示意趴下睡觉的动作时，他能迅速理解并效仿，紧接着闭上眼睛趴下休息。这一事实表明，他其实是懂得体贴他人的。看着小霆的成长和进步，我感到由衷的欣慰和自豪。

大爱教育是一种力量，它能够跨越障碍，温暖心灵，激发潜能。它让教师不仅仅是知识的传递者，更是孩子心灵的守护者，让学校不仅仅是一个学习的地方，更是一个充满爱与希望的港湾。在这个港湾里，每一个孩子都能勇敢地追求自己的梦想，自信地面对挑战。因为他们背后有着老师的支持和同学们的陪伴。

小霆的故事只是我们大爱教育旅程中的一个缩影，但它却深刻地体现了教育的本质——不仅仅是知识的传授，更是心灵的滋养与成长的陪伴。大爱教师就是用耐心和智慧，为每一个孩子量身定制成长的钥匙，让他们感受被尊重、被理解的温暖。我们用心倾听，用爱引导，努力成为他们成长路上的引路人和同行者。

"女侠"成长记

周　晨

对那些迟开的花，我们应当慷慨地给予尊重、信任与爱护；对那些不同的孩子，我们更应毫不吝啬地展现尊重与信任，让他们在宽松、和谐的氛围中缓缓成长，静静守候他们的绽放，用爱心与耐心浇灌每一朵花的盛开。

迎接新挑战

张同学是班级中一位名声在外的学生，经常以"女侠"自居。第一次家访她就给了我一个"惊喜"。她家的三层新居还没来得及安装防护栏杆，张同学就在楼梯上肆意地奔跑，看得我心惊胆战。

随着开学的到来，张同学的各种行为也逐渐暴露在我的眼前。她对班级事务漠不关心，不爱劳动，对其他小伙伴的行为常表现出嘲讽的态度，总是一副自以为是的模样；在学习上偷懒严重，上课不专心听讲，作业不用心完成，作业本经常忘记带，学校的各项回执也常以一句"忘了"为由让奶奶送来；在活动中我行我素，对老师的批评不屑一顾，表现得非常固执。每当其他科任老师来向我告状时，我就感到头疼。张同学看到不顺眼的同学就会动手。我决定要加大对她进行教育的力度。但在采取针对性措施之前，我必须对她的行为进行充分且全面的分析。

特别的性格源于长期遗留下来的问题

通过一段时间的观察，我注意到她的各种行为都源自其长期遗留下来的问题。她觉得循规蹈矩的事情，如上课听讲、完成作业或跟着队伍整齐划一地前进等，都很"不酷"。她更喜欢把手插在口袋里，在上课时做点自己喜欢的事情。这种长期的学习态度自然导致她在考试中取得极不理想的成绩，这进一步加深了她对学习的厌恶感。由于在班级里没什么朋友，所以一遇到不顺心的事情，她就会把矛头指向同学。每次要让她平息下来，都必须先了解什么事情让她不顺心，然后才能解决问题。而她在班级里仅有的两个好朋友，也可能会因为她的情绪波动而被"绝交"。

张同学从小是由爷爷奶奶照顾长大的。然而，老人们的过度溺爱导致了她以自我为中心、不可一世的个人风格的形成。父母因为工作繁忙而疏忽了对女儿的监督和行为习惯的纠正，错过了改变女儿的最佳时期。渐渐地，父母就开始放任不管了。

那么，究竟该如何引导她正确地评价自己呢？

打开心墙的头箍

新学期伊始，我注意到张同学头发总是散乱着，经常遮住视线。于是，我趁着一次表扬她的机会，送给她一个头箍。那天晚上，她妈妈发消息给我表示感谢，说孩子很开心，在家里炫耀自己的新头箍。这也让我感谢自己没有放弃她。我抓住这个机会经常与她妈妈联系，详细分析了她在学校的表现及其原因，并共同商量解决孩子不良心理状况的办法。我们建议即使在家，父母也要选择适当的教育方式，为孩子提供正确表现自己的机会。

善意和信任的力量

在一次做语文单元练习时，我发现她基础字词一个都写不出来，其他题目也大多空着。我清楚是她之前没有复习的缘故。为了不再打击她学习的积极性，我请她到我跟前来，告诉她愿意给她一次机会回去复习后再完成试卷。孩子若有所思地望着我。第二天一大早，她就交来了按照我的要求完成的试卷。她妈妈也发来短信告诉我，孩子昨晚回去后很感动，觉得我是真心为她好。我知道，我已经成功地打开了孩子心灵的大门。

之后，我在班级里发现她有所进步就及时表扬。一次课间，我请她把地上的纸捡起来，她也听话地捡起并揉搓成一团。我以为她会直接扔进桌肚里，但她却径直走向了垃圾桶。这件事让我很有感触，并趁机在班级里表扬了她。我注意到张同学的嘴角露出了想笑，却又觉得"不酷"而憋住的表情。在上课时，我经常用眼神来鼓励她，并找一些简单的问题或读书任务让她完成。她开始喜欢和我接近了。甚至有一次我说我的手很冷时，她竟然主动伸出手来给我焐手。

针对张同学有时会不明就里地"揍"同学的行为，我考虑到她爱"耍酷"的心理特点，告诉她欺负同学并"不酷"。随着时间的推移，在张同学身上，类似事件就很少发生了。

"女侠"初长成

"女侠"张同学现在有了很大的变化。她的学习态度比以前端正了。下课后，她能主动与同学交往、做游戏，与班级融为一体。家长也反映她在家喜欢谈论班级的事情，并主动帮助家长做家务。

张同学的改变让我更加认识到激励的作用与力量。对于像她这样的学生，我们需要循循善诱、耐心引导，不可过于急躁。我们应该把注意力更多地放在他们的优点和特长上，放大他们的闪光点，让他们一步步敞开心扉客观地评价自己，并通过多元化的评价来帮助他们建立自信和养成自强不息的品格。

爱是最好的"灵丹妙药"

周 玉

爱与教育本是浑然一体的。爱的指引，便是教育的真谛。

不同寻常的她

"她从小性格就孤僻，发育也比较晚。小玉老师，请您对她多加关照，我们家孩子就托付给您了！"学生家长满怀期望地说道。

"她每天都独自待在角落，没有人愿意和她一起玩。"班上的其他小朋友窃窃私语，"我也不会愿意和她一起玩，她看起来不太聪明的样子。"

她叫小轲，家长说她从小就孤僻。她可能是个发育稍显迟缓的孩子，她总是不爱与其他小朋友交流。为了吸引他人的注意，她常常会大声叫喊。

握瑜怀瑾的"心"

我常常在课余时间找她谈心。她总是睁着大眼睛看着我点头，但无论我说什么都无济于事。看着她清澈的双眸，我决定对她进行更深入的观察。

经过一段时间的频繁接触，我发现她的语言表达能力较弱，难以与其他小朋友正常交流。她时常沉浸在自己的世界里，不主动寻求与小朋友的互动。当别人尝试与她玩耍时，她往往选择躲避，更喜欢独自活动。她的小嘴时常发出奇怪的声音，目光游移不定，很难集中注意力在他人要求她关注的事物上，仿佛生活在自己的小天地里……

为了将她从自我封闭的世界中引导出来，我开始尝试各种方法。一次偶然的音乐课，我发现每当教室里响起动人的旋律，她那迷离的眼神会逐渐变得清晰，闪烁出几分光芒。这些微小的变化，让我看到了她内心深处的一丝希望。于是，我决定抓住这点微光，用心去培育。

在接下来的音乐课上，我特意挑选了一些简单、欢快的节奏和旋律，设计了互动游戏，让她跟随节拍，发出欢快的击掌声。起初，她的反应很生疏，击掌的动作显得机械而不自然。然而，我并没有急于求成，而是耐心地鼓励并帮助她感受音乐的韵律和节奏。渐渐地，她的动作变得更加协调，笑容也从最初的羞涩变成了自然流露。音乐开始成为她与外界沟通的桥梁，而不再只是她独自享受的乐园。

随着时间的推移，我观察到她开始主动参与班级的其他活动。她变得愿意尝试与小伙伴交流，每当我看到她在活动中展现出自信的微笑和击掌的动作时，我知道这不仅仅是她对音乐的热爱，更是她逐渐打开内心世界的表现。

音乐不仅是声音的传递，更是情感的共鸣。在不断地练习和鼓励中，她逐渐找到了自己的存在感，每一次的进步都成为她自信心的积累。这不仅仅是对她自己的肯定，也是对我教育工作的最大鼓励。

在学期末，曾经那个在操场上孤零零的身影已成为一个活泼开朗的小女孩。她开始在操场上和小伙伴们愉快地奔跑，笑声清脆，仿佛春日里盛开的花朵。那天，她突然跑到我面前，眼眶含着泪水，语气带着一丝颤抖："小玉老师，你真好。"看到她这份真挚的表达，我的心中涌起了一股暖流。我知道，她终于开始理解了关怀和爱的真谛，也找到了自信和勇气。

温润如玉的"爱"

爱是教育的前提和基础。没有爱，就没有真正的教育。作为教师，我们只有热爱学生、尊重学生、关心学生并信任学生，才能让他们真正感受来自老师的温暖与关怀。这样的教育才具有实效性。

爱是最好的灵丹妙药。对于孩子来说，爱具有无尽的治愈力量。一旦孩子感受到爱，他们的心灵之窗就会自然而然地敞开。让我们带着一颗真诚的心，把爱作为疗愈的良药，去抚平孩子内心深处的创伤，并激励他们奋发向前。

球场上的梦想与教室里的转机

刘 淼

人像树木一样,要使他们尽量长上去,不能勉强长得一样高,应当是:立足点上求平等,于出头处谋自由。

球场上的梦想

受疫情影响,本就生性贪玩的毛同学错过了许多基础知识的学习。因此,一到学校他就成了老师的重点关注对象。尽管在老师和父母的共同努力下,同样的字词他要反复听写三遍,但他的作业仍有很多错别字,计算也总是出错。毛同学对学习缺乏兴趣,然而一提起足球,他的眼睛就会立刻闪烁起来,仿佛整个世界都只剩下足球场上的奔跑和欢笑。

如今,毛同学已经是三年级的学生了,但他对学习的热情仍然远远不及在操场上追逐足球时的激情。在与他交谈的过程中,我了解到他非常渴望为班级争光,只是觉得自己的学习成绩太差。当我问他为什么喜欢踢足球时,他告诉我,踢球是唯一能让他觉得自己很出色的事情!踢球没有复杂的笔画和令人头疼的计算,只有抢球和进球的快乐。一提起踢足球,他就能滔滔不绝地讲述各种技巧和战术。看着他眼中闪耀着与众不同的光芒,我深受触动,明白他需要一个机会来证明自己。

这个机会终于来了!旱地冰球比赛的通知发布了,所有人都为此欢欣鼓舞。我赶紧找到毛同学,告诉他这个好消息。与正式的足球比赛相比,旱地冰球更容易实现。经过选拔,毛同学成功入选比赛小队,将代表班级出战。他在比赛中充分运用自己在球场上的技巧,用一个假动作骗过了对方的防守,反手将球打入球门。这制胜的一球,不仅为班级赢得了冠军,更打出了他的信心和决心。

每个孩子都有自己的高光时刻。我们能做的就是将这些时刻完整地保存下来，变成他们心中的勋章，让他们在想要退缩的时候能够受到鼓舞。

教室里的转机

我们都注意到了毛同学的独特之处，感到不能让他的潜能埋没在枯燥的课本和练习册中。老师们开始尝试将他对足球的热爱与学习相结合，探索出一套新颖的教学方式。他在球场上所展现出的奋勇争先、不甘落后的精神感染了我们和每一名同学。

我举办了一场小型的冰球大赛分享会，邀请毛同学担任嘉宾。在分享会之前，我指导他写下自己在足球场上的经历和感受，并邀请其他同学作为观众从不同角度描述同一场比赛的感受。分享会后，我发现他的表达欲望明显增强，写作字数也不再像之前那样总是无法达到要求。为了更好地表达自己的想法，字典成了他的好朋友。通过口语表达和写作练习，他不仅提高了语文成绩，还学会了如何表达自己。自此他的学习步入了正轨，不再空洞迷茫地坐在课堂上。

此外，我还听说数学老师设计了一些与足球相关的数学问题，如计算球门的面积、足球场的周长或球员的得分统计等。这种结合实际的应用题让他感到数学原来可以如此有趣。他开始努力解决这些问题，以提高自己的足球战术分析能力。英语老师则找到了一些国际足球比赛的视频，让他和同学们一起观看并用英语复述比赛过程。这种方式激发了他对英语的兴趣。他开始主动学习英语，以便更好地理解国际足球比赛。

随着时间的推移，毛同学的学习态度发生了巨大的变化。他不再是一个总是逃避学习的孩子，取而代之的是一个积极主动、充满好奇心的学生。我们的做法不仅改变了毛同学，也影响了整个班级。其他同学看到毛同学的进步，也开始寻找自己的兴趣点，将它们与学习相结合。班级的整体氛围变得更加积极向上，学生们的学习热情也空前高涨。

这充分说明教育不仅仅是知识的传授，更是心灵的启迪。当我们用心去理解和支持每一个孩子，发现他们的闪光点并激发出他们无限的潜能时，他们就能在各自的道路上勇往直前，绽放属于自己的光彩。

用爱呵护每位学生的成长

李博涵

我深信，一个充满爱意的微笑、一句饱含真情的鼓励，都能赋予孩子们巨大的力量，甚至有可能改变他们的人生轨迹。

除了学习我都喜欢

我们班有个特别顽皮的孩子，大家都称他为"糯米"。刚开学时，糯米在课堂上常随意说话、吵闹，严重影响了课堂秩序。他甚至在课堂上宣称："除了学习我都喜欢！"这让我倍感挫败和苦恼。我一边反思是自己的教学问题，还是他未能适应小学生活。我询问了其他孩子，但他们都觉得语数英等课程十分有趣。

在深入了解并观察了糯米在其他综合课上的表现后，我发现他能在美术课上专注绘画，能在自然课上认真进行科学实验，能在拓展课上折纸获得第一名，还能在游泳比赛中拔得头筹。我意识到，糯米并无智力问题，反而非常聪明。那么，他为何不爱学习呢？

经过与家长的进一步沟通，我了解到糯米在上小学前并未接受过幼小衔接课程，只是在家里跟妈妈学过一些拼音和算术。因此，很多知识对他来说都显得困难重重，甚至写字也让他感到疲惫不堪。了解到这一情况后，我认为糯米对学习存在畏难心理。

在课堂上，我会特意问他一些相对简单的问题，并关注他的日常行为。每当他回答正确时，我会大力表扬他，并让全班同学为他鼓掌；即使答错了，我也会鼓励他再接再厉。渐渐地，他开始主动写作业、交作业，还会催促我检查他的作业是否全部正确。在上个学期末，他获得了多门学科的奖状。他笑得合不拢嘴："哎呀，我这张奖状还没放下来呢，怎么又来了一张！"那一刻，他依然是个单纯可爱的小孩子啊！

糯米的故事让我更加深刻地意识到，每个孩子都是独一无二的个体，他们有不同的特点和需求。因此我们需要先了解每个孩子的个性和特征，然后选择合适的教学方式。

每天都像在坐过山车

虽然糯米在学习上的问题得到了解决，但他在纪律方面仍然存在问题。他总是阶段性地表现良好然后调皮捣蛋一阵子。我也经常收到来自其他同学的投诉。他每次都会"无辜"地说："我在和他玩。我想和他做朋友。"这时我也会耐心地跟他讲道理，建议他用别的方式来表达自己的友好。但我发现单纯的说教很难让他真正理解并改正错误行为。

为此，我特意开展了一次以安全教育为主题的班会活动，通过各种情景模拟和视频案例，让小朋友们明白如果行为越界了，很有可能会伤害到自己和同伴。糯米在这次班会后也稍有进步，调皮行为逐渐收敛了许多。但我发现他往往会好上几天然后恢复原样，这让我十分苦恼。因为糯米的妈妈是资深的幼儿园教师，所以我也会经常和他的妈妈沟通糯米上学前的情况。他们这届一年级学生有近一年半的时间都在家里待着，很多规矩都没有做好。再加上糯米是个月龄小且活泼爱动的男孩子，很多时候更是很难控制自己的行为，规则意识也比较弱。对此我采取了激励的方法——以鼓励表扬为主，批评教育为辅。渐渐地，他在行为规范方面也有了些许改进。

在此期间他总会问："为什么他可以这样，她可以那样，我就不可以？"这个时候我就会反问他："你是不是想成为最棒的小学生？是不是要比别人做得更好？"每当这个时候糯米就会点点头说："是的。"之后每次我看到他又要开始调皮打闹的时候我就会提醒他："你是不是最棒的小学生？你是不是要拿大奖状回家啊？"这个时候他会先迟疑一下，然后点点头回到自己的座位上。希望他可以越来越好。

通过近一年的相处，我发现小孩子的行为往往具有反复性。我们要有足够的耐心与爱心去等待他们成长与进步，即便这个过程会很漫长、很艰难。我们要相信，他们总有一天会破茧成蝶，成为更好的自己！

正是雏鹰奋飞时

何沅蓄

"有梦想，有机会，有奋斗，一切美好的东西都能够创造出来。"教育不仅是一座激发个人潜能的熔炉，更是一个培育学生自主成长和实现自我价值的宽广舞台。

折"翼"的"雏鹰"

"老师，我不想参加任何活动，只想安静地趴着休息一会。"

自从我第一次家访开始，这个名叫小萱的女孩就引起了我的特别关注。

2023年8月，我前往小萱的家中进行六年级的开学前家访。在小萱妈妈急切的催促下，一个羞涩的女孩从卧室中缓缓走出。她身形瘦弱，低着头，悄然走到我身旁，默不作声，显得格外乖巧。

"孩子，你假期里的学习有困难吗？有没有我可以帮忙的地方？"这个问题仿佛打开了泄洪的闸门，小萱的妈妈开始滔滔不绝地批评起孩子来，仿佛迫不及待地想让我这位老师来"改造"这个被他们形容为"沉默寡言""作业都不写""习惯很差""不愿意与人交往"的孩子。在长达一个小时的家访过程中，我仿佛置身于一场批斗大会，而小萱的头垂得更低了。

那时的小萱，宛如一只幼小的雏鹰。每当她迈出一步，得到的并非鼓励和认可，而是贬低和嘲讽。久而久之，这只"雏鹰"不再奢望在蓝天中翱翔，而是选择将自己封闭在厚厚的蛋壳之中，以躲避外界的伤害。我坚信，只要在合适的时机给她鼓励和支持，她终会冲破壁垒，热情地拥抱校园生活。

很快，这样的机会便来临了。

打破壁垒的一小步

在刚入学的几天里，小萱依旧独来独往，不与同学交流。我注意到，在下课时，她会拿着一支铅笔，在自制的本子上书写。我轻手轻脚地走到她身旁，她立刻警觉地抬起头。我把她叫到办公室，仔细翻阅了她的本子。原来，她利用课余时间创作了一篇科幻小说。我了解到小萱对宇宙太空怀有浓厚的兴趣。在她的小说中，她化身为星际旅行者，在时空中自由穿梭，遨游于星辰大海之间。我惊喜地对语文老师说："这篇小说写得真精彩！故事充满了想象力，颇有几分《三体》的韵味。"语文老师也赞不绝口，并提出了细节上的修改建议。我对小萱说："你可以继续创作，只要不占用上课时间就好。写完后可以给我们看，我们很愿意成为你的忠实粉丝！"

这是一个难得的机会，能够深入她的内心世界。我决定紧紧抓住这个机会。于是，我费尽周折购买了两张上海天文馆门票。当我把门票递给小萱时，她的眼中仿佛闪耀着光芒。在天文馆里，小萱滔滔不绝地为我讲解宇宙大爆炸、各大星系以及宇宙航行……在这一刻，她不再是那只自我封闭的"雏鹰"。厚厚的蛋壳裂开了一道缝隙。阳光开始洒进她的世界。

然而，正当我以为一切将顺利发展时，新的问题却接踵而至：尽管小萱上课看似认真听讲，但她的学习成绩却持续下降，作业中出现了大面积的空白。还有同学多次反映她辱骂同伴、编造关于他人的谣言……

面对摆在我面前的各种问题，我不禁感到困惑。这个在课堂上鲜少发言、课后常常独来独往的小女孩，内心究竟隐藏着怎样的需求呢？

鹰隼试翼　风尘翕张

当我陷入困惑时，忽然想起了最近在读的一本关于自我决定理论的书。书中写道："人天生就具有争取自主性、胜任感和归属感的动力。"这一观点激发了我的灵感。孩子们在成长过程中，渴望体验自主感、胜任感和被需要的感觉。而在此之前，我一直占据主导地位。这次，我决定尝试不同的方法。

我第一次郑重其事地找到小萱，紧紧握住她的手。那是我第一次触碰她的手，她的手冰冷而僵硬。我坦诚地表达了对她从期待到失落，甚至感到苦恼的情感变化。也许她惊讶于我的"示弱"，她一边用惊奇的眼神看着我，一边嘴里小声重复着我说的话。当我们的谈话结束时，我们的关系也像我们的双手一样，逐渐变得温暖起来。

　　我意识到这是个好时机，于是决定趁热打铁，提议在班上成立环创小组，并鼓励小萱加入其中，即利用她丰富的想象力和绘画才能为班级作出贡献。在伙伴们的带领下，她逐渐融入团队，结交了好朋友，并勇敢地表达自己的想法。她还多次主动申请与伙伴们一起布置板报。在"十一"航空航天主题布置活动中，她的作品让同学们眼前一亮。大家纷纷用掌声表达对环创小组的感谢。我看到小萱的脸上露出了欣慰的笑容。

　　自那以后，小萱终于迎来了她的第二次蜕变。听课时，她会身体前倾、竖起耳朵，生怕错过老师的每一句话。更令人欣喜的是，她开始主动举手回答问题了！下课后，她也会主动与老师打招呼，与要好的同学拥抱在一起，和小伙伴们一起玩耍嬉闹。

　　"有梦想、有机会、有奋斗，一切美好的东西都能够创造出来。"作为新时代的班主任，我摒弃了唯分数论的理念和同质化评价，努力关注每个孩子的需求。我遵循因材施教的教育观，致力于挖掘孩子们的潜能，帮助他们找到生命的方向，让他们的生命焕发出勃勃生机。

爱的双向奔赴

张 宁

法国作家纪德曾言:"获得幸福的秘诀,并不在为了追求快乐而全力以赴,而是在全力以赴中寻出快乐。"

我深信,世上没有不劳而获的奇迹。幸福的获取,必先以辛苦作为代价。我们为学生付出真挚的爱,从而收获了孩子们的童心与回报。这份职业的幸福,我们深有体会。

今天,我想分享的是关于我们班上一个特别的孩子——辰辰的故事。

让机会点燃热情

辰辰,是我在这个班级中第一个记住名字、第一个认识的学生。或许有人会轻率地揣测,他必定是个调皮捣蛋、令人头疼的孩子,所以你才会最先认识他。然而,事实恰恰相反。在竞选英语课代表时,他表现得非常积极。课后,他兴高采烈地跑到我面前说:"老师,能让我做英语小组长吗?"面对他热切的目光,我虽然初次与他见面,有些羞涩,但也不忍拒绝,于是答应让他担任英语小组长。

后来,我了解到辰辰在我们学校是个"小名人"。让他担任英语小组长这件事,让许多认识他的老师都感到惊讶。在与班主任沟通后,我们还是决定给这个孩子一个机会,说不定他会与上学期有所不同呢?也许一个小小的举动就能点燃他对英语学习的热情。

没有教不好的学生

然而,辰辰随后的表现并未如我们所愿。上课注意力不集中,小动作频频,作业完成不积极且质量不高……一系列问题接踵而至。我开始怀疑,让他担任英语小组长是否真的有意义?当我将辰辰未完成的作业交给班主任时,班主任却说："能写这么多，已经有进步了。"这让我感受到一种任重而道远的感觉。于是，我们针对辰辰展开了一系列的帮扶工作。首先关注他的作业问题。通过观察和辅导时的反应，我发现他并不是一个难以教导的孩子。相反，他的头脑非常灵活。那么问题究竟出在哪里呢？我开始频繁地与他的母亲沟通，她反映孩子写字极慢。如果要求他字迹工整，就更慢了。经过与家长的深入交流，我决定对辰辰的作业要求作出调整：每天按他的能力布置作业，但不允许漏题或胡乱作答；每天至少记忆 5 到 10 个英语单词。

很快，期中考试到来，辰辰取得了合格的成绩。与开学初相比，他确实取得了进步。这一刻，我深感付出带来的幸福感。此时，我想到了那句颇具争议的话："没有教不好的学生，只有不会教的老师。"社会赋予教师的责任重大，这不仅体现在学业指导上，更包括对学生品行的全方位引导。

时光匆匆流转，转眼间学期即将结束。随着天气逐渐转冷，辰辰的脸上出现了冻疮，需要每天涂药。有一次在为他涂药时，我突然听到他说："老师给我涂药的样子就像妈妈一样。"那一刻，我心中涌起了深深的幸福感。

孩子是天使般的存在

回首这一年来的点点滴滴，我的生活仿佛就是围绕着他们旋转。我会因为他们学习态度不端而生气；与班主任的少有的争执也是为了他们；看到他们默写全对会让我开心一整天。而他们也同样关心着我，看到我开心时他们也会更加努力学习。他们会送我手工制作的纸花；在一些小节日里比任何人都积极地送我礼物；他们会打听我的小爱好、喜欢的颜色和最大的愿望，然后悄悄告诉妈妈："张老师最大的愿望是减重 20 斤。"在这个充满爱的大家庭中，每天都在上演着令人啼笑皆非又让人感动的故事。

每个孩子都是天使般的存在。然而天使的心中也会住着一个"小恶魔"。让我们携手共进，带着同一个信念，一起战胜内心的"小恶魔"吧！

未来的故事家

王淑琳

每个孩子都是各不相同的。当我们欣然接受他们之间的不同，甚至珍视这些差异和不同，就会用一种审美的眼光看待孩子，眼里就会有一个个独立的生动活泼的人。

国旗下的"讲话"

小刘同学初入校园时，表现得文静而乖巧。然而随着时间的推移，他逐渐我行我素起来。尽管我在课堂上屡次强调纪律，要求学生们先举手后发言，但他似乎对此充耳不闻，不仅在课堂上自由发言，坐姿也显得极为随意。我开始反思自己的教育方法，并尝试采取软硬兼施的策略，既对他的行为习惯严格要求，又在他稍有进步时给予及时的夸奖和表扬。

然而，在庄严的升旗仪式上，他却做出了一个令人瞠目的举动。在升国旗、唱国歌时，他以一种近乎咆哮、吼叫的方式发声。这一行为立刻引起周围同学的注意。在开学第一课中，我们就已经着重强调了升国旗时应保持立正姿势、向国旗行注目礼的重要礼仪。这一幕让我感到十分惭愧。

在另一次升旗仪式中，当国旗升降器出现故障，国歌奏唱完毕但国旗仍停在半空中时，小刘同学竟脱口而出："国旗没吃饱吧？"这句话无疑再次证明了他是一个规则意识淡薄的孩子。

经过小刘同学在升旗仪式上的两次"闹腾"，我开始深刻反思自己对孩子的爱国教育是否足够深入，对规则意识的强调是否有所欠缺，以及单纯批评与质疑是否真的能够有效改变他的行为。

带着无数的疑问，在生活中我观察到小刘同学会与自己的书包、文具等物品进行对话，时而幽默风趣，时而展现出一副"小大人"的模样。一方面，我会被小朋友的可爱与有趣打动；另一方面，对于小刘同学的惊人之语，我也不由自主地联想到了皮亚杰的教学心理学理论。儿童在 2 至 7 岁时处于"万物有灵论"阶段，还不能完全区分有生命和无生命的物体，他们倾向于以自身的感受和体验去理解周围的世界。这个阶段对儿童的想象力、情感发展以及对世界的探索都具有一定的积极意义。因此，在小刘的世界里，国旗因为"没吃饱"而没有升上去的想法也就变得可以理解了。

当我开始理解小刘同学时，我想我也发现了教育的契机。尽管表象上小刘同学规则意识欠缺，但换个角度看问题，我发现小刘同学有着丰富的想象力与精彩的语言表达能力，还极富同理心。在此阶段，我想我更多的是需要给小朋友充分的机会去尝试、去探索，也要时常鼓励小朋友，并给小朋友营造温暖、安全的学习环境，以增强小朋友学习的自信心和积极性。

初露才华的故事家

在一次阅读课上，他主动向我分享了他手中的书，并流利地讲述了《滥竽充数》的成语故事。他的思路清晰，故事的起因、经过和结果都叙述得非常完整。我由此猜测，他是一个热爱阅读与讲故事的孩子。我想，以他的兴趣作为奖励，或许会取得不错的教育效果。于是，我当即与他沟通，约定当他行为规范上表现优秀时，便给他一次当众为小朋友们讲故事的机会。后来，在一周的升旗仪式中，小朋友们都聚精会神地听指令并执行，国歌吟唱时也表现得庄严肃穆。于是我告知小刘，他拥有了一次讲故事的机会。站在讲台上，他自信大方地讲述了一个完整的故事，表情丰富，说到尽兴处，还会加上肢体动作，台下的小朋友们也纷纷为他鼓掌。后来听孩子父亲讲述道，为了能够精彩地呈现这个故事，小刘同学会认真阅读并讲给爸爸妈妈听。父亲的反馈更让我感受到了小刘同学坚定的上进心。

一次又一次的鼓励，为我们之间建立了信任的桥梁。小刘同学开始向身边的榜样靠近，认真倾听老师的要求并严格参照执行。当然，偶尔他还是会控制不住犯一些小毛病。这时，我也会与小刘同学一起分析问题并共同制定解决方案。他能认真倾听，并主动提出可行的解决办法，为下次的进步做好准备。

我想，能够激励孩子上进的原因，可能在于我们是否真正了解孩子，是否尊重并理解他们，是否关心他们的发展。我们只有给小朋友足够的耐心与爱，他们才能慢慢找准自己的发展方向，并向着目标努力前行。

　　教育是一场马拉松，需要我们用心陪伴每一位学生跑完全程。我相信，只要我们用爱去浇灌，用心去引导，每一个孩子都能成为自己故事中的主角。"捧着一颗心来，不带半根草去。"让我们共同努力，为每一个孩子的成长撑起一片天空，让他们在爱与关怀中茁壮成长，绽放属于自己的光彩。

热辣滚烫　青春正当时

江源

"老师！我来给您报喜啦！"随着办公室门口响起清脆的敲门声，我抬眼便看到了满脸阳光的小A。小A的到来让我既惊喜又感觉在意料之中。几年来的片段在我脑海里飞快地闪过，将我的思绪拉回到了三年前。那时的小A，还是一个因脸上红色胎记而显得自卑、沉默寡言的少年。

心中的完美学霸

初为人师，我深知了解学生的重要性。当问及多位老师，谁是班上的佼佼者时，大家都指向了同一个名字——小A。然而，当我试图进一步了解这位传说中的学霸时，老师们的回答却变得含糊其词："哦，小A啊……"语气中似乎藏着某些难以言明的秘密。在开学前一晚，我在脑海里构想着这位大家口中的学霸的模样：穿着整洁的校服，留着清爽的短发，与同学团结友爱，上课积极发言，是老师的得力助手……"太好了！这不，我的班长人选就有了。"我在心里憧憬着。

与学霸的交流

新学期伊始，我早早地来到班级做最后的布置，以迎接我的第一届学生们。同学们陆续到达教室，与许久未见的同学兴高采烈地交流着假期生活。预备铃打响后，教室逐渐安静下来，但教室最后一排还有一个空位。"新学期第一天就迟到，胆子可真大！"我心想。

"报告！"这两个字打破了教室的寂静。我抬起头，看到了一个瘦小的男生。他穿着皱巴巴的校服，脸上的一大块红色胎记犹如一团盛开的火焰，醒目而独特。"怎么开学第一天就迟到？你叫什么名字？"我有些不悦地问道。"小A。"他简洁地回答道。

讲台下的同学们眼睛都睁得大大的，像在看一出好戏。"原来你就是小 A，下不为例。"我说完这句话，上课铃声也正式打响。我看着小 A 走向最后一排的空座位，心想："这个学霸真是惜字如金啊。"

接下来的日子里，小 A 总是坐在教室最后一排的角落，双眼低垂，仿佛整个世界都与他无关。"他究竟是一个怎样的人啊？"这个问题始终在我脑海里盘旋，却百思不得其解。

班级"悄悄话"

新学期步入正轨后，学习的车轮滚滚向前。小 A 的成绩还是一如既往的稳定和优秀，他的表现总让我心生好奇。每当我试图与他交谈时，他却总是像深秋的湖水一样静谧而不语。于是，我决定借助集体的力量为他铺设一座通向大家心灵的桥梁。

那周的英语课谈到了"身边的榜样"这个话题。我给每位同学发了一张信纸，让他们用英语句型写出自己班级里的榜样。在同学们激烈讨论后，我请他们上台轮流分享自己的答案并尝试猜测信中描述的是哪位同学。

"他虽然话不多，但成绩十分优秀是我们的学业楷模。"

"他虽然外表看似冷漠，但内心却充满了温情与关怀。"

"他虽然家住得远，但从未因路途遥远而迟到，是守时的典范。"

"他虽然与我们有些许不同，但他的真诚与善良却深深打动了我们。"

我听着这些描述，心中已然明了大家的答案都指向了小 A。我瞥了他一眼看到他的眼眶红了。也许他从未想过在大家的心中他并未因外貌被孤立，反而成为众人眼中的榜样。

我总结道："每一个人都是独一无二的，都有自己的闪光点。改变我们能改变的，接受我们不能改变的。"小 A 听了我的话眼中闪过一丝感激和坚定。他点了点头仿佛下定了决心。自那节课后我惊喜地发现小 A 也逐渐与同学们敞开心扉了。

夜空中最亮的星

育人之路总是充满曲折和反复。一天下课后，我看到了小 A 便热情地喊出"Hello，小 A！"期待他的回应。然而小 A 只是冷淡地点了点头，连一句"老师好"

都没有说。他的冷漠让我心中涌起一股莫名的气愤，感觉自己的热情被浇了冷水一切苦心都付诸东流。于是我掉头喊住了他，"小A，跟我去办公室一趟。"

在办公室的安静氛围中我有些情绪地问道："小A，你怎么了？看起来有些无精打采。"他缓缓地抬起头眼神中透露出一丝无奈和困扰。他轻轻地指了指自己的脸，声音低沉地说："老师，他们……又在说这个。"我顺着他的手指望去再次清晰地看到了他脸上那块红色的胎记。它像一块醒目的烙印鲜明地印在他的脸庞上宣告着他的与众不同。那红色如同烈火炽热而刺眼却也显得那么孤独和无助。

原来又有其他人在背后对他指指点点议论纷纷。那些刺耳的言语像针一样扎进他的心里让他感到无比痛苦和困扰。我突然明白了他平时为何总是表现得那么冷漠和疏离，原来他是在用这种方式保护自己避免更多的伤害。

看着小A那受伤的眼神我的气愤也慢慢平息下来。我知道我不能让他继续这样下去，我要帮助他走出这个阴影，让他重新找回自信和快乐。这时，我看到了桌上的一张活动宣传单便对他说："小A，老师想请你参加'小手拉大手'活动去小学部给弟弟妹妹们分享你的知识和经验。你觉得怎么样？"

小A闻言眉头微皱，显然对这个提议有些意外。他抿了抿嘴犹豫地说："老师，我怕我这个样子会把小朋友们给吓到。"我知道小A因为脸上的红色胎记而自卑，这也让他在人前变得沉默寡言。但是我不希望他因此而封闭自己，错过成长的机会。

我微笑着摇摇头温和地说："小A，人的出身和长相是无法选择的，但每个人都是宇宙中独一无二的星星。我相信你的知识和经验对小学部的弟弟妹妹们来说是非常宝贵的。老师相信你一定能够胜任这个任务。"

一周后，我看到了学校的公众号推送题目为"徜徉书海　大手拉小手"。我点进去第一张照片便是小A在小学部的活动教室认真地给小学生们讲解物理实验。他眼里有我从未见过的光芒。这一刻，我觉得他是夜空中最亮的那颗星。

热辣滚烫，青春正当时

岁月如梭，一晃三年过去。如今看着小A手持优异的毕业成绩向我报喜，我心中满是欣慰与骄傲。回想当初那个因脸上的红色胎记而自卑、沉默寡言的少年如今已成长为自信、阳光的优秀毕业生。我深知自己当初的决定是正确的。

育人之路道阻且长，每一步都需要用心丈量。在这条道路上每名学生都是一颗特别的星星，闪烁着属于自己的光芒。我希望他们的青春之路如彩虹般绚烂，如夏花般盛放。我也会一直坚持下去，尽力为每一名学生点亮前行的路，让他们心中有大爱，眼里有光芒，行动有方向，脚下有力量。

守一朵花开，等一阵风来

茅佳豪

教师心怀爱意，才会对自己的学生充满信心和关怀，才会激发出追求卓越和创新的精神。

遇见

"午餐时间即将结束！"听到我的提醒，同学们纷纷展示自己的空盘子，等待盖上光盘章。然而，不久后便听到几声提醒："小滴答，你怎么还剩下那么多饭菜呢？"我转头望去，只见一个小女孩仍在埋头吃饭，盘中的饭菜几乎未动，嘴里还塞得满满的。在同学们的提醒下，小滴答的情绪变得低落，眼眶逐渐湿润，默默地流泪，却难以下咽。

在那段时间里，小滴答常常因为课堂上举手而未被叫到回答问题而哭泣；玩游戏时，因为其他小朋友拒绝与她一同玩耍而躲在角落独自生气；美术课上，因为觉得自己不会做手工而趴在桌上流泪，拒绝与他人交流……她成了班级里的"小哭包"。

等风来

当小滴答再次哭泣时，我会先让她尽情哭泣，然后与她交谈。在沟通中，我了解到她午餐吃不完的原因。作为哈萨克族人，她难以适应食堂的菜肴口味，因此吃不下。她渴望在课堂上第一个回答问题，并希望能及时加入小朋友们的游戏。与家长沟通后，我了解到因她的父母工作繁忙，她一直由外婆照顾。老一辈的人对孩子十分溺爱，几乎有求必应。所以她一哭闹就能得到想要的东西和父母的关注。通过一段时间的观察和家校沟通，我逐渐认识到小滴答是一个不善于表达、自尊心强、渴望得到他人关注的孩子。于是，我开始思考用一些教育措施让她摘掉"小哭包"的帽子。

爱润成长

首先，要学会理解与接纳。儿童通过哭泣来表达不满并以此获得关注是很正常的现象。当小滴答再次遇到问题而哭泣时，我会先让她处理自己的情绪，等她宣泄完后及时与她面对问题，共同分析哭泣的原因并寻找解决办法。在周一的班会课上，我们开展了以"情绪"为主题的班会活动，让同学们了解到哭也是宣泄情绪的一种方式。大家不再把哭看作是惊天动地的事件，并尝试以共情的方式去安慰小滴答等身边的朋友。渐渐地，大家开始理解并接纳小滴答的哭泣行为了。

其次，当"小哭包"小滴答遇到"我不会"的无助情况时，我会鼓励她保持乐观态度并主动寻求帮助；当她被同学拒绝时，我会教她以平常心对待结果并尝试以其他方式加入游戏或寻找其他玩伴；当她未及时被他人关注时，我会让她明白这是正常现象，并鼓励她相信下一次可能会被他人看见。同时，我也鼓励其他小朋友主动帮助小滴答并与她成为朋友。

现在的小滴答眼泪越来越少。她的大眼睛里充满了笑意。她与同学们的关系越来越亲近，也变得越来越自信了。

陶行知先生曾说："爱是一种伟大的力量，没有爱就没有教育。"在岁月的长河中，我庆幸能遇见这些蓬勃的生命力，并与他们彼此成就、彼此抵达。回首过去，我仍然为初见时的心动和美好而感到惊喜。我愿化作一只蜗牛慢慢地行走在童心的世界里，感受那份纯真与美好，静静地守候每一朵花的绽放，等待那一阵风的到来。

用爱浇灌孩子的内心

陈依琳

教师只有心怀爱意，尊重孩子，耐心倾听他们的声音，与他们平等沟通，才能让学生感受到被爱的温暖。

一个拥有独特想法的完美主义者

小周同学聪明伶俐，老师们总觉得她的眼中闪烁着智慧的光芒。当她认真学习时，其成绩在班中总是名列前茅。然而，她似乎有些与众不同，对许多事情总有自己独特的见解，无法完全认同一些旁人觉得理所当然的事。例如，下楼梯时她喜欢一步跳四格，她解释说："妈妈在家不管我一步跨几级台阶。"面对老师的耐心规劝，她常常选择无视。有一段时间，她看到喜欢的东西，无论是否征得了他人允许，总会情不自禁地想要占为己有。面对老师的询问，小周同学总是选择沉默。后来从她妈妈那里我们得知，当她做了自己不想承认的事情，或是听到了自己不认同的话时，就会选择闭口不言。她既不会否认，也绝对不会开口承认。因此，老师们很难和她进行正常的沟通进而解决问题。

一天放学时，当其他同学都兴高采烈地回家后，我却发现她还在教室里埋头写作业。我上前询问原因，得知她是在完成当天的语文校内作业。我轻声告诉她，今天不写完也没关系，她的外婆已经在校门口等候多时了。她有些着急地回应道："老师说的，这是一定要在校内完成的，校内作业就是不可以带回家的。"听到她对老师布置的任务这么重视，我感到震惊。补完作业后，她又不慌不忙地整理自己的笔袋。我再次提醒她："外婆已经在外面等了很久了，你动作要快一些，不能让外婆等这么久。"然而，小周同学却不以为然，觉得外婆等多久和她并无关系。我想，小周同学在学习上或许是个完美主义者，对自己要求过高，以至于很多事情她会完全以自我为中心，无法根据现实情况判断一件事的轻重缓急。

之后，我与小周同学的妈妈进行了深入的沟通，了解到家长对孩子学习上的要求也很高，但由于妈妈最近身体欠佳，没有太多时间顾及孩子。于是，在一次送小周同学下楼的时候，我尝试与她聊天，希望能了解她内心的真实想法。我告诉她，完成校内作业固然重要，但有些时候我们需要权衡是否有比写作业更重要的事情。校内作业是利用课间完成的，如果没有做完，首先要反思是不是当天课间没有充分利用好，而不是拖延到放学后再写，让家长担心着急。经过我们一次次的沟通，她逐渐愿意开口表达自己的想法，并表示愿意跟上整个班级的节奏。虽然她有时还是会拖拉，但在老师催促下，她能够快速跟上大部队下楼。我深信，尊重孩子、耐心倾听、平等沟通，一定能逐渐打开小周同学的心扉，了解她的真实想法，从而也能追根溯源，发现她的一些奇特的想法。

从闭口不言到慢慢打开心扉

一天大课上好后，我看到小周同学笑嘻嘻地站在走廊上。走近一看，发现她的夏季校服竟然穿反了。我急忙让她去厕所换过来，但她却喜欢和老师对着干，连声拒绝。在严厉规劝无果后，我耐下心来尝试和她讲道理："如果你不换的话，别人看到会笑你的。"她依然不理不睬，直到信息课因为打了其他同学被老师批评。而打人的原因正是别人笑她衣服穿反了。面对老师的质问，小周同学再次选择了沉默，仿佛拒绝沟通就能结束这件事。我让她冷静下来，心平气和地问她到底是怎么想的。慢慢地，小周同学终于开口了。她无法理解为什么别人要笑她，并坚持认为自己打第一个嘲笑她的人并没有错。于是我和她分析道："穿反了衣服，别人看到当然会觉得好笑，但这并不一定是恶意的嘲笑，可能只是觉得好玩而已。那些笑你的人确实需要提高自己的修养，但别人的笑声不能成为你打人的借口。况且你明明可以避免这些尴尬情况的发生，但你却不愿意把衣服换回来，那你就得承受别人的笑声。"经过几番讨论和争辩后，小周同学终于愿意承认因为被嘲笑而打人是不对的。

小周同学对身边的事情总有自己独特的想法，有些想法甚至违背常理。但这些想法背后却隐藏着孩子内心深处的思想逻辑。作为老师，我们的任务不是强行让孩子在表面上认同我们的观点，而是要站在他们的角度，去了解他们内心的真正想法，从而帮助他们纠正偏离的价值观。"没有爱就没有教育"，我们教师需要常怀大爱之心，真正地尊重学生、欣赏学生，才能让孩子对老师产生信任感，在爱的浇灌下茁壮成长。

小孩子的逆袭

彭艳霞

　　教师的爱是滴滴甘露，即使是枯萎的心灵也能苏醒；教师的爱是融融春风，即使是冰冻了的感情也会消融。

　　在我所带的三（3）班中，有一个特别不听话的学生。他在课堂上常常表现出一惊一乍的样子，语言、动作和神态都极为夸张。他身材高瘦，奔跑时却如小鹿般横冲直撞。他口才极佳，在班里极受欢迎。然而，他的课桌上总是摆满了杂乱无章的书本和文具，找一支笔如同大海捞针般困难。上课时他似乎总是无法自控，不是玩弄铅笔，就是与邻座同学交谈。有时，他甚至能用大半节课玩一个笔头。他的同桌换了一个又一个，有的受到他的影响，也开始违反课堂纪律，成为他的小迷弟。对于他的行为，任课老师们显然是焦头烂额。老师们在尽力安抚班级学生的情绪。但对老师们的批评教育，他置若罔闻，甚至寻找借口，刁难老师。每当任课老师向我反映他的课堂问题时，我都心急如焚，又束手无策。但或许因为我是班主任的缘故，他在我的课堂上反而积极主动又认真。课余时间与他谈话，他虽口头答应改过自新，但转眼便开始捣乱。有时，即便我在班里听课，他也能认真听讲，但最多十几分钟便又开始左顾右盼、坐立不安了。面对他的行为，我很担心自己心中的疑惑会被证实。直到有一天早上，他的父亲突然来到学校，偷偷告诉我，孩子患有轻微小儿多动症。医生说服药对孩子的身体不利，希望老师能理解。于是，我只能想方设法慢慢改变他了。

　　"不放弃"是我为他建立的第一道心理防线。每当他在课堂上哗众取宠时，我会在课下耐心劝导他；每当他在教室里上蹿下跳时，我会及时制止他，转移他的注意力，让他做班级小助手；每当他的作业本字迹潦乱、天马行空时，我会让他坐在我舒适的椅子上，享受"一对一"的写字指导。就这样，我每天都与他"斗智斗勇"，他有他的"七十二变"，我有我的"八十一法宝"，我们就这样一路前行，相互切磋、相互督促。

　　一天拓展课结束后，我在班里一边批改作业，一边等待学生们回班收拾书包准备放学。突然，他从我身后一闪而过，调皮的模样依旧未改。他胆怯地望着我，似乎有话要说，手里还紧握着一张卡片。我微笑着对他说："今天有什么事要跟老师分享的吗？"他听后立刻眉开眼笑地说："老师，今天我上拓展课，老师夸我手工做得很好，奖励我两张贴纸。"说着，他把手里的贴纸展示给我看。我看到那是两张粉色的小贴纸，惊讶地说："哇！你这么厉害！竟然得到了奖励！真不错呀！"他听了我的夸奖后，紧绷的神情立刻放松下来，他开心地说道："老师，送给你了！"话音落地，粉色的贴纸已经放在了我的作业本上。等我回过神来他已经跑得无影无踪了。我当时就感觉到他长大了。他虽然调皮，但是可以引导；他虽然闹腾，但是也能耐心听我讲话。

　　作为一名班主任，我告诉自己首先要有一颗赤诚的爱心，用爱的甘露滋润孩子们的心田，用爱心点燃一个个纯洁的灵魂。对那些学困生，特别是注意力难以集中的学困生，我们应给他们更多的爱，经常鼓励、帮助、督促他们，让他们逐渐增强自信心，尽量挖掘其闪光点，努力用赞美满足他们的心理需求，使他们产生欣慰、幸福的内心体验，增强其荣誉感、自信心和上进心，以提高其学习的兴趣和内在的动力。当一个孩子对学习有了兴趣与动力，他的进步就变得轻松、容易多了。爱与不放弃改变了他，也给我这个班主任带来了无限的欣慰与快乐。

以诚相待，静待花开

司　楠

我们应当尊重个体差异，不要轻易批评他人。每个人都拥有独特的性格、价值观和生活经历。唯有尊重差异，接纳不同，我们才能共同构建和谐的社会。

以诚相待

在我执教的四年级班级中，有这样一个小男孩，他的行为时常让我感到困惑不解。在课堂上，他总是热衷于聊天、嬉笑，做些看似与课堂内容风马牛不相及的事情。起初，我试图运用传统的教育方法规劝他，但收效甚微。我并未因此放弃，而是选择以诚相待，深入探索这个孩子的内心世界。

我开始了连续几节课的细致观察跟踪，努力从他的视角去理解那些看似离经叛道的行为。我发现，每当我在课堂上讲解知识点或教唱歌曲时，他总是表现得异常兴奋，他的快乐与开朗如同温暖的阳光，无声地照耀着周围的每一个人。即便在回答问题时，他也总是坦率地表达自己的会与不会，从不掩饰自己的不足。这份坦率和真诚，让我看到了他独一无二的个性与心态。在与其他同学和班主任的深入交流中，我得知他性格开朗、乐于助人，与同学之间的关系也十分融洽。这些信息更加坚定了我的信念：每个孩子都是独一无二的个体，他们都拥有自己独特的美。我开始意识到，与其用冰冷的标签去定义他们，不如用一颗真诚的心去发现他们的闪光点，用理解与关爱去引导他们健康成长。

独一无二的他

有一次下课后，我把他单独留了下来，深入谈心。当我陈述他在课堂上的表现时，他虽未反驳，但显然有些紧张，或许正揣测着我会如何批评他。我温和地说："把你留下，并非为了指责或批评，只是想和你多沟通交流。我听说，你在同学们中很受欢迎呢。"他轻轻地"哦"了一声，似乎有些意外。

我继续说道："虽然你上课时常分心，喜欢聊天，但老师并不讨厌你。相反，我觉得你聪明又开朗。"听到这话，他明显放松了许多。在我们的聊天中，他坦诚地表示知道自己上课时聊天嬉笑的行为不妥，只是不喜欢唱歌。我好奇地问："你不喜欢听歌吗？"他淡淡地回答："还行。"见他如此"惜字如金"，我又追问："那你对舞蹈或者小组讨论等其他活动感兴趣吗？"他立刻肯定地回答："喜欢！"

我微笑着说："看来你并不讨厌音乐课。老师希望，在遇到你喜欢的内容时，你能更加专注地去学习；遇到不擅长的内容，也能尝试用心去感受。坚持几节课后，再告诉我你的感受。老师相信，你以后能在音乐课上起到表率作用。"他直直地盯着我，仿佛我的话为他注入了新的力量。

最后，我鼓励他说："希望下学期能看到你的进步！"他的回答让我惊喜不已："老师，还是别下学期了，就从下节课开始吧！"我笑着回应："好，我们拉钩！"他坚定地表示："老师，下节课开始我就好好表现！"

谈话匆匆结束，他回去上课了，而我还在回味他刚刚说的那句"老师，还是别下学期了，就下节课开始吧。"新的学期里，我将持续关注他，因为我深信他是一个很特别的孩子。我想，每一个孩子都是一朵含苞待放的花，只要我们以诚相待，给他们足够的阳光和水分，他们终将绽放属于自己的光彩。

通过这件事，我深刻体会到了以诚相待的力量。它不仅仅是一种教育方法，更是一种生活态度。当我们放下成见，用一颗真诚的心去对待每一个孩子时，我们会发现他们身上那些被忽视的闪光点。这些闪光点，就像含苞待放的花朵，等待着我们用爱和理解去浇灌。

教育的天窗

解丽红

在教育的道路上，我们年轻教师需要不断尝试与反思，努力走进爱的天地，为教育开启每一扇希望的天窗。

初见，用温暖编织梦想

2023 年寒假后的第一个开学日，我一大早就起床，满怀期待与忐忑，早早地站在了教室的门口，手中提着为孩子们精心准备的兔年福袋。每个福袋里，都藏着我对他们新年的美好祝愿。欢声笑语涌进校园。是孩子们来了！他们带着满脸的笑容，眼神中满是对我这个新老师的好奇与期待。

上课后，我和学生们一起仔细地打量着这个全新装扮过的教室。教室里，最引人注目的莫过于那棵精心布置的爱心树。我轻声向孩子们介绍这棵爱心树的寓意："同学们，这棵爱心树好看吗？这是老师们为大家准备的生日惊喜！在你们生日那天，我会把小寿星的照片挂在爱心树上。"孩子们的眼睛里闪烁着好奇与兴奋的光芒。他们纷纷围拢过来，轻轻地抚摸着那些还未被填满的卡纸，仿佛已经迫不及待想要让自己的照片成为这棵树的一部分。

这不仅仅是一棵爱心树，更是一座连接我们师生情感的桥梁、一位孩子们成长与进步的见证者。在未来的日子里，我将与孩子们一起，用心呵护这棵爱心树，让它成为我们班级最宝贵的记忆之一。同时，我期待着这棵爱心树上挂满孩子们的照片，让每一片"叶子"承载我们的欢笑与泪水，见证我们的友谊与成长。

理解，倾听背后的声音

在日常的教学和管理工作中，我确实经历了无数的挑战，但那次与班干部的沟通经历尤其让我印象深刻。

在一个明媚的午后，我特意挑选了这个安静而明亮的场所，以便与班干部们深入交流。我发现副班长小温显得异常紧张。这个平时雷厉风行的小姑娘，此刻却像一个等待审判的孩子，连我拉出来的椅子都不敢坐，只是拘谨地站在一旁。

我微笑着招呼她坐下，然后轻声细语地开启了对话："小温，我今天找你谈话，主要是想先了解一下情况。前两天，有几个男生来找我，他们说你最近在管班级纪律时，会用脚踢他们的腿。他们对此感到很生气，也很不服气。我想听听你对这件事的看法。"

小温愣了一下，显然没想到我会如此直接地提出问题。她低下头，沉默了片刻，然后抬起头，眼中闪烁着坚定的光芒："老师，我承认我确实有时候会用脚轻轻触碰他们的腿，来提醒他们注意纪律。但我并没有用力踢他们，更没有恶意。我只是想让他们集中注意力，遵守课堂纪律。"

我点点头，表示理解。然后，我温和地说："小温，我知道你是出于好意。但是，管理班级不仅需要权威，更需要理解和尊重。或许你可以尝试换一种方式，比如用语言提醒或者采用其他更温和的方法。这样，同学们可能会更容易接受你的管理。"

小温认真地听着，不时地点头表示赞同。谈话结束后，小温感激地看着我："老师，谢谢您的理解和指导。我会努力改进自己的管理方式，让班级更加和谐有序。"我看着她离开的背影，心中感到无比欣慰。在那之后，我注意到小温在管理班级时变得更加细心和耐心。她不再用脚触碰同学来提醒纪律，而是用更加温和的语言和方式与同学们沟通。班级的氛围也因此变得更加融洽与和谐。

大爱，基于需求的精准关怀

我认为"大爱"是一种基于深刻理解和尊重的爱，是一种充满智慧和耐心的教育。当他们遇到难题时，我会耐心地为他们解答；当他们感到迷茫时，我会用鼓励的话语为他们指明方向。我用自己的行动告诉他们，无论遇到什么困难，都有我陪伴在他们身边。我相信，只要我们用心去关爱每一个孩子，用爱去点亮他们的心灵之光，就一定能够让他们在成长的道路上走得更远、更稳。

爱的交响曲

　　看完这些故事，您是否在某个瞬间找到了共鸣？是否在某个故事中看到了自己的影子？是否在某个观点上产生了新的思考？我们诚挚地邀请您，将这些感触和感想表达出来，与我们一起分享。

后　记

　　站在时光的交汇点上，回望上海市宋校嘉定实验学校自 2022 年创办以来的每一步，我觉得这不仅是一段学校的发展历程，更是我们全体师生共同成长的宝贵记忆。作为这艘教育之船的掌舵者，我内心充满了感慨与感激。

　　我们相信，在全体师生的共同努力下，宋嘉必将成为一所充满人间大爱、教育质量卓越、社会声誉良好的学校。我们将继续坚守初心，砥砺前行，为培育"心中有大爱、眼里有光芒、脚下有力量、行动有方向"的"自带光芒"的新时代少年而不懈努力。

　　在此，我要向每一位追随宋庆龄大爱思想而来并为学校发展做出巨大贡献的教职员工表示衷心的感谢。你们是学校最重要、最强大的心脏，是孩子们成长道路上的守护者和引路人。同时，我也要感谢所有家长和社会各界的鼎力支持与信任。正是有了你们的理解与协作，我们的大爱教育梦想才得以生根发芽、茁壮成长。展望未来，我们将继续携手前行，在教育的广阔田野上播撒大爱、点亮智慧之光，让宋嘉成为每个孩子心中最亮的星，照亮他们勇敢前行的方向。

　　在本书结尾之际，我们特别精选了学校开办两年来一系列具有代表性的学校事件及对我们来说弥足珍贵的各方留言，旨在为读者呈现一幅丰富多彩的校园生活画卷。这些事件不仅记录了学校发展历程中的重要里程碑，也深刻反映了教育理念、校园文化以及学生生活的独特魅力。从激动人心的庆典活动到意义非凡的学术成就，从创新实践的社会服务到温馨感人的师生故事，每一幕都承载着学校的历史记忆与精神传承。让我们一同走进这段精彩的篇章，见证那些铭记于心、影响深远的时刻。

　　2022 年暑期，宋嘉开展第一次教师培训。35 位教师不畏酷暑，勇战疫情，共同开启了为期两个月的沉浸式"双向成长"培训之旅。他们积极探索并找到了以"每个孩子都是独一无二的中心"为核心理念的育人路径，并一致践行宋庆龄先生"将最宝贵的东西给予儿童"的崇高教育思想。

2022年9月1日，学校在惠亚路197号迎来了第一个开学日。孩子说："一进校门，就看见挂满了星星的拱形门！明亮的大白天，从头顶满天的星星下走过，天上又有太阳，又有星星。这可真是一所神奇而美妙的学校！"

2022年9月30日，宋嘉举办了第一个"盲盒主题日"——沙滩日活动。"校园变为美丽的沙滩。来一场说走就走的沙滩日派对！"从此，睡衣日、双胞胎日、拥抱日、帽子日、书本人物日、生态日、多巴胺日、英雄日、雨衣日……每月一个让孩子想不到的盲盒主题日成为孩子喜欢上学的理由之一。

2022年10月10日，在宋嘉第一个语文学科活动日"我眼中宋嘉的秋天"中，孩子说："这是我进入宋嘉的第一个秋天，也是一个丰收的季节。在校门口，我闻到桂花的味道时，我想起一句话'一年秋意浓，十里桂花香'。此时，校园里充满了朗朗的读书声。"

2022年10月17日至10月21日，宋嘉开启"中华文化周"跨学科项目学习的系列课程第一站——走进华南。家长留言："用美食作为文化感受和传承的连接，真是别出心裁！"

2022年11月1日至11月4日，宋嘉举办了第一届运动嘉年华活动。孩子捧着胸前的金牌说："世上没有比我们的运动嘉年华更像奥运会的活动了！"

2022年11月11日，在参加宋嘉第一届家长面谈日时，家长感慨："老师与家长一对一交心共话孩子成长，切实有效。老师比我更了解自己孩子，可敬可佩！"

2022年11月17日，在宋嘉第一个数学学科活动日"'数'你厉害"中，孩子说："所学即所用，感受到数学是有用和有趣的！"

2022年12月1日，在宋嘉第一届美术学科活动日"你好，艺术家"活动中，孩子说："老师说，每个孩子都是艺术家，我信了！"

2022年12月2日，宋嘉开启第一次家长问卷活动。此后在每学期一次6个维度33道题的家长问卷中，A级满意率均达到90%以上。陆续收到家长留言评价有："我们的学校就是'家门口的好学校'的典范。老师们拥有博大的爱心，全心全意为学生们的成长付出很多心血。无论是在学业教导还是在生活成长中都感受到了学校和老师的温暖和关怀。我家的小朋友能在咱们学校学习成长感到很荣幸也很幸福，作为家长很感恩！也很珍惜！"

2022年12月2日，宋嘉开启第一次学生问卷活动。此后在每学期一次的学生问卷中，A 级满意率均达到 95% 以上。陆续收到学生留言评价有："学校就像是我的第二个家，老师像妈妈一样温柔，同学们相处起来也很亲切！"

2022 年 12 月 20 日，宋嘉校长信箱开启。收到第一封来自学生的来信："校长妈妈，我太喜欢这所学校了，但我有一个小小的要求，能不能睡午觉的时候不要放那个冥想的音乐。"校长信箱从此成为孩子实施民主权利、参与学校管理的通道。

2023 年 2 月 15 日，宋嘉搬迁至康年路 261 号校区。校门开启的第一天，440 名孩子带着 440 份学校设计图纸来校，勾勒他们心中的美好校园。孩子说："我想在学校图书馆里找到看不完的关于大飞机制造的书，并能在那里躺着看书。"

2023 年 2 月 15 日，宋嘉开启第一次晨演活动。每一个孩子只要愿意，就能在一方小小的舞台上与人分享自己的音乐才艺。从此，每天都有孩子说："为了今天的演出，我做了一周的准备。"还有孩子说："今天有我们班同学晨演，我们早点来欣赏、鼓掌。"

2023 年 4 月 3 日，宋嘉开启校长接待日活动。家长说："在这里看到了宋庆龄先生大爱陶冶出来的老师的特质。从孩子所在的班中的每一位老师身上，看到宋嘉的老师们用责任负重前行，用专业成就孩子，用爱心守护心灵，促进孩子的成长。作为家长，我喜在心头，充满感激，衷心说一声——谢谢老师们。"

2023 年 4 月 13 日，在宋嘉第一个英语学科活动日 Let's Make Friends 活动中，家长评价道："跨文化沉浸式的活动以英语为主要交流语言，帮助孩子学会'认识自我、悦纳自我，欣赏他人、美誉他人'。"

2023 年 5 月 12 日，在宋嘉第一届教学节"让核心素养在课堂上生根，让新课标在实践中落地"活动中，教研员评价道："看到这支年轻奋发的团队，看到了未来教育的希望，看到了家门口好学校的样态。"

2023 年 5 月 15 日至 5 月 19 日，在宋嘉第一届科技节"与科技同行，共创低碳生活"活动中，孩子说："我很享受穿上自制的创意时装，伴随着美妙动感的音乐节奏，走在这个盛大的时装秀舞台上，听到下面雷鸣般的掌声。"

2023 年 5 月 30 日，"小白鸽卫士团"正式成立。这是宋嘉教师为研究解决教育教学实践中的真实问题而成立的"教师团长"中的第一个教师团。有小白鸽卫士说："我光荣，我是小白鸽卫士，因为我在校的每一天都守护着大家的安全、为大家服务；我骄傲，我是小白鸽，因为我点点滴滴的进步被所有人赞赏和羡慕。"

校长说："做教育，要做好面对各种各样的学生的准备，让每个孩子拥有属于自己的优秀之处，是我们的天职。那些行为习惯暂时不尽如人意的孩子，如果我们用规范化训练去管理他们，而让那些孩子对你望而生畏，硬拉着来训练反而会让他们离规范越来越远。我们应该要创造机会让他们将用不完的能量用在为大家做公益服务中，并在公益服务的同时学会自省并自我完善。"

2023 年 5 月 31 日，宋嘉第一届校园艺术节"童心向未来　立志逐华梦"活动拉开帷幕。外聘摄影团队感叹："当看到 100% 的学生站上了宋嘉剧场的舞台中央成为现实，我被震撼和感动了！"有孩子说："我平时很怕表演，但是今日我成了主角，在舞台上大放异彩。"

2023 年 6 月 9 日，宋嘉举办第一届家长学校的开学典礼。家长学校的"L.O.V.E. 课程"开启了周末亲子陪伴成长新平台。家长评价道："'双休日不闭校'的家长学校，为积极探索和谐家庭的锻造提供了宋嘉路径。"

2023 年 9 月 1 日，宋嘉第一届初中部开办。封莉蓉校长寄语："愿宋嘉人不忘初心，接续努力，超越自身，登高望远。为了每一个孩子的幸福，为了一个更好的中国。"

2024 年 3 月 11 日，宋嘉第一支科创队伍"蜘蛛冲冲冲"荣获 2023—2024 年度 DI 青少年创新思维活动挑战 B"往事重现"小学组全国一等奖。孩子说："此次获奖是我们团队努力的结果，也让我们体会到努力不言败的精神。在一学年的学习过程中，每个人都扮演着不同的角色，各自发挥着自己的优势，共同迎接挑战。我学会了倾听、尊重他人的意见，学会了有效沟通。这些都是团队成功的关键。感谢老师的指导，愿我们的团队继续创造更加辉煌的成绩！"

2024 年 3 月 12 日，宋嘉开启第一次校长午餐会。孩子说："这里的老师实在太温柔了。喜欢每一个老师。"孩子在作文中描述道："校长妈妈在午餐会上如母亲一样亲切的笑，让午餐会的氛围越来越轻松。她在本子上细致地记下我们提出的每一个建议。后来，在不经意间，校园总会多出几分惊喜，我们的建议学校都用心做到了……在校园民主化的基础上，学生做出了改变，变得更加配合，更加有纪律。学生与校长之间理应双向奔赴。在宋嘉这种奔赴坚定而通达。"

2024 年 5 月 6 日，宋嘉第一届校园足球联赛开幕。老师说："班班有球队，人人能上场。宋嘉的校园因这场足球联赛整整沸腾了两周。我们累并快乐着。"家长说："每天我都在家里阳台上关注着这个不停歇的绿茵场，看到每一个孩子投入其中。真为孩子幸福的童年庆幸。"

2024 年 6 月 26 日，宋嘉第一届校园跳绳挑战赛开幕。体育老师说："'全员跳绳'成为期末校园里一道亮丽的风景线。孩子们用一个学期的努力和汗水共同编织了一段难忘的夏日记忆。"孩子说："绳子在我耳畔呼呼作响，我的心怦怦乱跳，我不断告诉自己要坚持到底、要稳住、不要失误。每个人齐心才能捧回奖杯。"

2024 年 7 月 1 日，宋嘉学子踏上红色之旅，于重庆开启第一堂校外大思政课——中国红心•重庆研学活动。孩子说："这不仅是一次感官体验，更是一场心灵的洗礼！这次探索不仅拓宽了我们的眼界，更让我们明白了历史与现代的紧密连接，激励我们在未来的学习中更加努力。在未来的学习之旅中，我们期待更多的收获和感动！"